기획 · tvN 〈벌거벗은 세계사〉 제작진

자유롭게 누군가를 만나고 여행하는 것이 점차 어려워질 무렵, 집에서 안전하게 세계 여행을 즐길 수 있는 프로그램을 만들었습니다. 여행지에 숨겨진 세계사까지 배울 수 있다면 더 좋겠다는 마음을 담아 만든 것이 〈벌거벗은 세계사〉입니다.

글 · 이현희

교양, 다큐멘터리 프로그램을 만드는 방송 작가로 일하면서 어린이들에게 세상의 유익한 정보와 재미있는 이야기를 전하고 싶어 어린이책을 기획하고 글을 쓰고 있습니다. 쓴 책으로는 《바이러스를 이겨 낸 위대한 처음》《4차 산업 혁명》들이 있으며 공동 집필한 책으로는 《모래 폭풍 속에서 찾은 꿈》이 있어요.

그림 · 최호정

어린 시절부터 그림 그리기를 좋아했으며, 대학에서 디자인을 공부했습니다. 어린이책에 그림을 그릴 때가 가장 행복합니다. 그린 책으로는 《그림으로 보는 삼국유사 3》《전설의 탐정, 전설희》《자두의 비밀 일기장》《안녕 자두야 과학 일기 14》《안녕 자두야 과학 일기 15》들이 있습니다.

감수 · 송대섭

서울대학교 수의학과를 졸업하고 같은 대학교 대학원에서 박사 학위를 받았습니다. 연구 분야는 바이러스학으로, 특히 인수 공통 감염병을 일으키는 바이러스에 관심을 기울이며 연구하고 있습니다. 국내 최초로 반려견 독감 백신 개발에 성공했으며, 지금은 서울대학교 수의학과 교수로 일하고 있습니다. 공동 집필한 책으로는 《병태생리학》이 있습니다. 많은 이들이 바이러스에 대한 궁금증과 불안감을 해소했으면 하는 마음으로 tvN 〈벌거벗은 세계사〉 방송 프로그램에 출연했습니다.

감수 · 장항석

연세대학교 의과대학을 졸업하고 같은 대학교 대학원에서 박사 학위를 받았습니다. 지금은 연세대학교 의과대학 외과학 교수로 일하고 있습니다. 국내외를 통틀어 350여 편의 논문을 발표했으며, 단편 소설 〈부에노스 아이레스〉로 소설가로 등단했습니다. 쓴 책으로 《판데믹 히스토리》《외과의사 비긴즈》《진료실 밖으로 나온 의사의 잔소리》들이 있습니다. 질병이 인류 문명에 미친 영향과 이야기를 사람들과 나누기 위해 tvN 〈벌거벗은 세계사〉 방송 프로그램에 출연했습니다.

벌거벗은 세계사

초등학생이 꼭 알아야 할 필수 세계사

벌거벗은 세계사

9 인류 최악의 전염병과 바이러스

기획 tvN 〈벌거벗은 세계사〉 제작진
글 이현희 그림 최호정 감수 송대섭·장항석

아울북

기획의 말

몇 년 전까지만 해도 사람들은 원할 때면 언제든지 세계 어딘가로 여행을 떠날 수 있었어요. 하지만 어느 날 갑자기 우리 삶에 들이닥친 코로나19로 인해 예전처럼 자유롭게 누군가를 만나고 여행하는 것이 점차 어려워졌어요.

그때 만들게 된 프로그램이 〈벌거벗은 세계사〉예요. '어떻게 하면 집에서 안전하게 세계 여행을 즐길 수 있을까?' 하는 고민에서 프로그램이 탄생하게 되었지요. 그리고 나아가서 여행지에 숨겨진 세계사까지 배울 수 있다면 더 좋겠다는 마음을 담았어요.

〈벌거벗은 세계사〉는 히스토리 에어라인을 타고 세계 곳곳을 온택트로 여행하며 우리가 몰랐던 세계의 역사를 다양한 관점으로 파헤쳐요. 지난 과거를 이렇게 파헤쳐야 하는 이유가 무엇일까요? 역사는 단순히 지나간 기록이 아니라 아직도 우리 곁에 머물러 있기 때문이에요. 세계가 어떻게 시작되었고, 다양한 문화적, 정치적 전통은 어떻게 형성되었으며 또 어떻게 상호작용하였는가를 알면 세상을 폭넓게 바라볼 수 있어요. 역사는 우리가 사는 세상을 제대로 이해하고 더 나은 방향으로 나아가게 하는 힘이 되어 주지요.

세계사를 알면 한국사 또한 더 재미있어져요. 우리나라의 역사도 세계사의 거대한 흐름과 맞물려 있기 때문이에요. 우리가 굴욕적으로 알고 있는 강화도 조약, 을미사변을 우리 역사 안에서만 보면 사건의 실상을 다 알 수 없어요. 당시 청과 일본, 러시아와의 관계, 각국의 경제 상황까지 함께 들여다보아야 사건의 원인과 결과를 자세하게 알 수 있어요. 이렇게 했을 때 과거의 일을 반면교사 삼아 같은 실수를 반복하지 않을 수 있어요.

이 책은 프로그램에서 방영되었던 방대한 역사적 사건들 중 초등학생이 꼭 알아야 할 필수적인 이야기를 엄선했어요. 이 책을 통해 어린이 독자 여러분들은 온택트 세계 여행을 하며 한 꺼풀 더 벗겨 낸 세계사의 진짜 모습을 볼 수 있을 거예요. 세계사를 처음 접하는 어린이 독자 여러분에게 이 책이 좋은 길잡이가 되길 바랍니다.

tvN 벌거벗은 세계사 제작진

벌거벗은 세계사

등장인물

한백신

세계대학교 수의학과 교수님

- 감염병 예방과 치료를 위해 바이러스를 연구하는 박사
- 강아지 털 알레르기를 참으며 반려견 몽이를 키우는 펫팸족

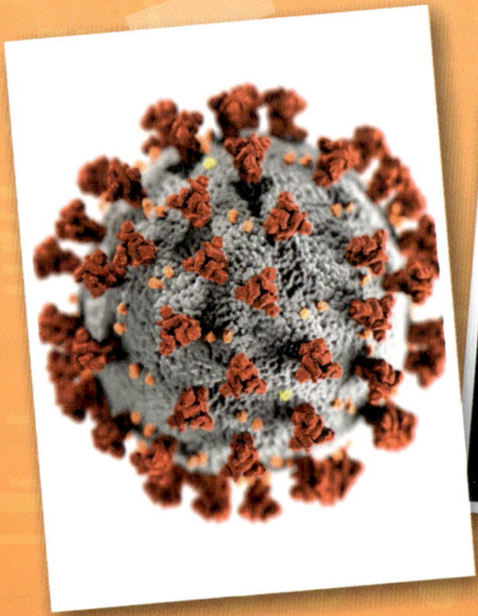

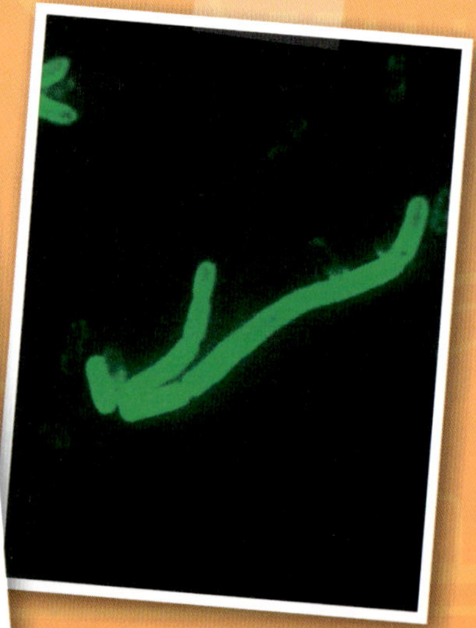

HISTORY AIRLINE 탑승권

강하군

세계사를 배경으로 한 게임에 푹 빠진 겜돌이. 엉뚱한 상상력으로 퀴즈 정답을 맞히는 은근 최상위권!

HISTORY AIRLINE 탑승권

왕봉구

모든 걸 음식과 연결해 생각하는 먹방 유튜버. 세계 최고 요리사, '왕 셰프'를 꿈꾸지만 지금은 이름 때문에 '왕방구'가 별명!

HISTORY AIRLINE 탑승권

공차연

얌전하고 새침해 보이지만 운동장에 나가면 누구도 따라올 수 없는 슛돌이 공격수. 반전 매력 폭발!

HISTORY AIRLINE 탑승권

아나엘

세계대학교 의과대학 교수로 초빙된 부모님을 따라 한국에 온 아프리카 소녀. 의학계의 탐정을 꿈꾸는 뛰어난 추리력의 소유자!

벌거벗은 세계사

차례

tvN
〈벌거벗은 세계사〉
방송 시청하기

4화 59화

역사 정보

벌거벗은 세계사 퀴즈

프롤로그

앗, 박쥐다!
우아! 동물의 섬
게임 속에 있는 것 같아!

"원숭이 같은 야생 동물을 함부로 만지면 안 돼."

바바리코트를 입고 작은 수첩을 손에 든 여자아이가 공차연을 흘겨보며 말했어요.

"난 가만있었어. 원숭이가 내 축구공을 뺏으려고 한 거지."

"오, 공차연, 평소와 다른데? 원래 넌 누가 축구공 뺏으려고 하면 가만 안 있잖아. 내가 먹던 햄버거를 절대 뺏기지 않으려고 하는 것처럼 말이야. 그런데 넌 누구야?"

"난 아나엘. 엄마 아빠는 콩고 민주 공화국 사람이고, 난 미국에서 태어나 살다가 한국에 왔어. 잘 부탁해."

아나엘이 자기소개를 하자 강하군이 VR 헤드셋을 벗으며 인사를 했어요.

"아나엘, 반가워. 나는 게임왕 강하군. 공차연이 원숭이를 만졌다 해도 그건 가상현실이야. 진짜로 만진 게 아닌데 몰아붙이는 건 좀 너무해."

강하군의 말에 아나엘은 겸연쩍은지 머리를 긁적

였어요.

“나중에 진짜 현실에서 그럴 수도 있잖아. 그건 진짜 위험하거든. 어쨌든 내가 좀 지나쳤던 것 같아. 미안.”

아나엘의 사과를 공차연이 금방 받아 주었어요.

“난 왕 셰프를 꿈꾸는 왕봉구. 아나엘은 깔끔쟁이인가 봐?”

“탐정처럼 전염병을 추적하는 의학자가 되는 게 꿈이거든. 전염병에 관심을 가지니까 위생을 신경 쓰게 되더라고. 왕방구라고 했지? 셰프가 꿈이면 너도 위생의 중요성을 알 거야.”

“알지, 알지. 그런데 아나엘, 내 이름은 왕…….”

이때 강하군이 끼어들었어요.

"킥킥, 얘 왕방구는 음식만 보면 먹는 게 더 급해서 무조건 손으로 음식 집는 게 먼저야. 위생 따위는 생각 안 할걸?"

"강하군! 내가 언제 그랬어? 그리고 내 이름 똑바로 부르랬지! 방구 아니고 봉구!"

강하군과 왕봉구가 티격태격할 때였어요. 의사 가운을 입고 귀여운 강아지를 품에 안은 한 여성이 큰 목소리로 말했어요.

"팬데믹 히스토리 여행에 참여한 여러분, 모두 환영해요. 저는 감염병 예방과 치료를 위해 바이러스 백신을 연구하는 한백신 교수예요. 만나서 반가…… 에, 에취! 반가워요."

한백신 교수님은 옷소매로 입과 코를 막고 재채기를 했어요. 재채기 소리가 어찌나 큰지 히스토리 에어라인이 떠나갈 듯했어요.

"교수님, 혹시 호흡기 질환?"

아나엘이 조심스레 묻자 한백신 교수님이 말했어요.

"아, 아니에요. 강아지 털 알레르기 때문에 재채기한 거예요. 알레르기는 감염병이 아니랍니다. 아참, 여러분 혹시 감염병과 전염병의 차이를 아나요?”

한백신 교수님이 물었지만, 아이들은 멀뚱멀뚱하기만 했어요.

“**감염병**은 세균, 바이러스, 곰팡이 같은 미생물이 우리 몸에 들어와 일으킨 병을 말해요. 감염병이라고 해서 모두 남에게 옮는 건 아니에요. 감염병 중에서 감기처럼 사람과 사람의 접촉이나 물, 공기 등을 통해 옮을 수 있는 병을 **전염병**이라고 해요. 감염병은 전염병보다 범위가 넓다고 할 수 있지요. 어쨌든 우리 몽이를 혼자 떼 놓고 올 수 없어서 데려왔는데, 혹시 강아지 털 알레르기가 있는 친구가 있나요? 에취, 에취.”

아이들이 모두 고개를 저었어요. 아이들은 재채기하는 한백신 교수님을 안쓰럽게 바라보았어요.

“난 괜찮으니까 걱정 말아요. 처음엔 재채기를 많이 했는데, 요즘은 알레르기 치료를 받아서 많이 좋아졌답니다.”

한백신 교수님이 웃어 보이자 아이들은 안심했어요.

"교수님, 이번 세계사 여행은 **팬데믹 히스토리 여행**이라고 하셨잖아요. 세계사와 전염병은 무슨 연관이 있어요?"

아나엘이 호기심 어린 눈빛으로 물었어요.

"전염병은 인류의 역사를 뒤바꾸기도 했어요. 천연두, 흑사병, 콜레라, 스페인 독감 등이 유행하며 굳건했던 사회 제도를 무너뜨리고, 전쟁의 승패를 바꿔 놓았지요."

"**코로나19**도 우리 일상을 뒤바꿔 놓았어요. 학교도 못 갈 정도로요."

강하군이 옛일을 떠올리며 말했어요.

"그래요. 지금도 전염병 위협에서 자유롭지 않아요. 더 큰 위협은 동물의 전염병이 인간에게 전파되는 경우가 많아졌다는 점이에요. 하지만 두려워할 필요는 없어요. 인류는 전염병 위협을 겪으면서도 오늘날까지 왔어요. 그런 역사를 살펴보면 전염병을 **극복**할 방법을 찾을 수도 있거든요."

"어머! 저한테 딱 맞는 세계사 여행이에요. 전염병을 추적해서 전염병이 퍼지는 걸 막거나 예방하는 게 제 꿈이거든요."

아나엘이 신이 나서 방방 뛰며 말했어요.

"좋아요. 그럼 우리 함께 전염병 탐정단이 되어 팬데믹 히스토리를 벌거벗기러 떠나 볼까요? 출발!"

승객 여러분, 히스토리 에어라인을 이용해 주셔서 감사합니다. 오늘의 첫 번째 여행지는 이탈리아 여행의 꽃이자 지중해의 보석, 시칠리아입니다. 목적지까지 안전하고 즐거운 여행이 되시길 바랍니다.
휴, 재채기가 이제 멈췄네.
원숭이가 축구를 할 줄 알면 좋을 텐데.
세계사 여행 떠나기 전에 게임 한판 해야지.
여러분, 미식의 나라 이탈리아에 또 갑니다!
팬데믹 여행인데, 게임, 축구, 음식?

HISTORY AIRLINE

Boarding Pass

1부
중세와 20세기의 전염병

FROM S.KOREA　　TO ITALY

❶ 중세 유럽을 뒤흔든 흑사병

❷ 20세기 최악의 팬데믹

국가명	이탈리아 공화국
수도	로마
민족	이탈리아인(북부에 프랑스계, 오스트리아계, 슬라브계, 남부에 알바니아계, 그리스계 등 소수 거주)
먹을거리	피자, 파스타, 칼조네, 라자냐, 젤라토, 티라미수, 레몬
종교	가톨릭교(85.7%), 정교회(2.2%), 이슬람교(2%), 개신교(1.2%), 기타(8.9%)
언어	이탈리아어

세계사

- 유럽, 흑사병 유행 **1347년**
- 영국, 와트 타일러의 난 **1381년**
- 제1차 세계 대전 발발 **1914년**

한국사

- **1392년** 고려 멸망, 조선 건국
- **1910년** 국권 피탈

전염병은 인류에게 가장 큰 공포였어요. 한 번 크게 퍼지면 수많은 목숨을 빼앗아 갔거든요. 그러나 전염병의 유행은 새로운 시대의 태동으로 이어졌어요. 14세기 유럽에서 대유행한 흑사병은 봉건 영주가 주도하는 사회 구조를 무너뜨렸고, 20세기에 유행한 스페인 독감은 새로운 방역 체계를 만들었어요. 전염병으로 인해 세계사는 어떤 변화를 맞이했는지 벌거벗겨 볼까요?

1918년
스페인 독감 유행

1919년
대한민국 임시 정부 수립

1939년
제2차 세계 대전 발발

1945년
8·15 해방

1995년
세계 무역 기구 출범

2000년
6·15 남북 공동 선언 발표

2001년
미국, 9·11 테러 발생

2009년
신종 플루 유행

1장

중세 유럽을 뒤흔든 흑사병

여러분! 이곳은 팬데믹 히스토리 여행의 첫 번째 여행지, 이탈리아 남부의 시칠리아섬이에요. 시칠리아는 지중해와 기암절벽이 조화를 이루고, 지금도 활발하게 활동하는 활화산인 에트나산이 있는 곳이에요.

시칠리아는 지중해 중앙에 있어서 '지중해의 배꼽'이라고 불려요. 역사적으로 지중해에서 발생한 모든 문명과 지중해 패권을 장악했던 나라들이 시칠리아를 거쳐 갔죠. 이렇게 지중해의 교차로 역할을 했던 시칠리아에서 중세 유럽 인구 3분의 1을 죽음에 이르게 한 흑사병의 대유행이 시작됐어요. 시칠리아에서 시작된 흑사병의 대유행 이야기, 지금 시작할게요.

유럽, 흑사병의 대유행 시작

1347년 10월, 이탈리아 시칠리아의 메시나항으로 한 척의 배가 들어왔어요. 그런데 마치 그 모습이 유령선 같았어요. 배에 탄 사람들이 모두 끔찍한 모습으로 죽어 있었거든요. 사타구니와 겨드랑이는 달걀 크기의 종기로 가득했고, 얼굴은 새까맣게 변해 알아볼 수 없을 정도였어요.

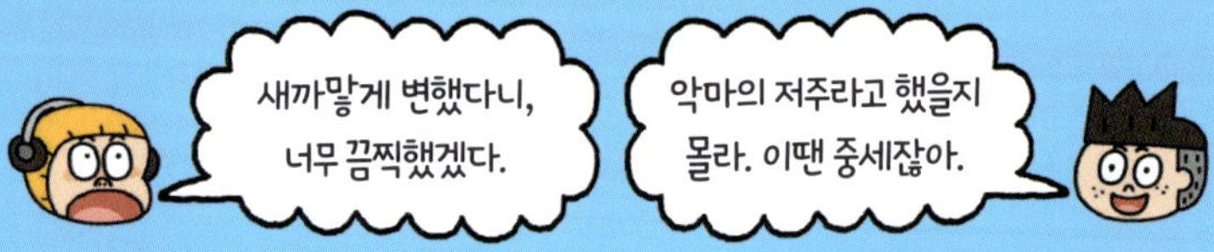

배 안의 사람들을 죽음으로 몰아넣은 병의 정체는 바로 흑사병이었어요. 하지만 당시 사람들은 전혀 몰랐지요. 배 안의 시

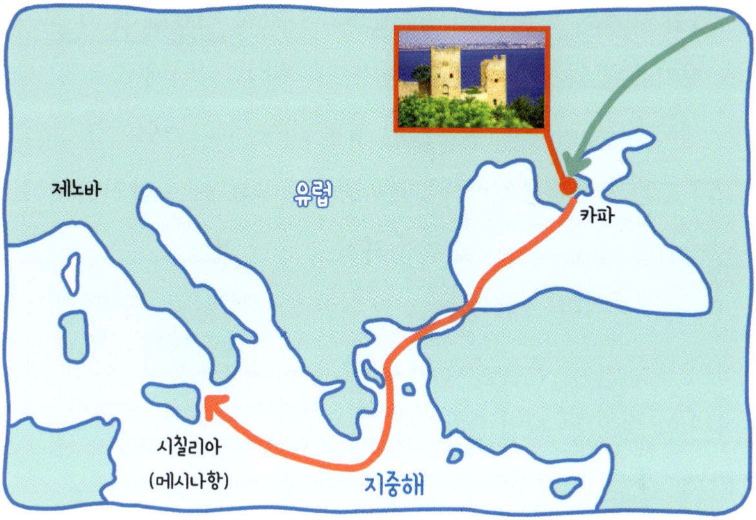

카파에서 출발한 배의 경로 ↑

체를 육지로 옮긴 것이 잘못이었을까요? 이때를 시작으로 흑사병이 유럽 전역으로 퍼지게 되었어요.

흑사병의 대유행을 부른 이 배는 어디에서 온 것일까요? 크림반도•에 있는 항구 도시 카파였어요. 지금은 '페오도시야'라고 불리는 곳이지요. 14세기에 카파는 이탈리아의 도시 국가인 제노바의 식민지이자 무역 거점이었어요.

크림반도
18세기부터는 러시아 영토였는데 1954년 우크라이나에 편입됐다. 2014년 주민 투표로 러시아와 합병했으나 국제 사회가 인정하지 않고 있다.

1347년, 카파는 몽골군에게 포위되어 있었어요. 갑자기 웬 몽골군이냐고요? 당시 몽골은 인류 역사상 가장 넓은 영토를 차지한 대제국이었어요. 여러분도 한 번쯤 이름을 들어 보았을 칭기즈 칸의 업적이지요. 칭기즈 칸이 1227년에 죽은 뒤 몽골 제국은 그 아들과 후손들이 땅을 나누어 다스렸어요. 그중 킵차크한국이 이즈음에 카파를 공격했어요. 제노바인들이 있는 카파를 차지해 유럽에 진출하려고 했던 거예요.

몽골군은 3년 동안 카파를 포위하고 공격했지만 성은 무너지지 않았어요. 몽골군은 지쳐 갔고 설상가상으로 병사들 사이에 알 수 없는 전염병이 퍼졌어요. 바로 흑사병이었지요.

몽골군은 많은 병사들이 숨지자 철수하기로 결심했어요. 그리고 떠나기 직전, 괴이한 공격을 했어요. 돌을 쏘아 던지는 투석기를 이용해 흑사병으로 죽은 병사의 시체를 성안으로 던진 거예요.

카파 성안에 있던 사람들은 깜짝 놀랐어요. 영문도 모른 채 성안으로 떨어진 몽골군의 시체들을 치웠죠. 이렇게 전파된 흑사병은 카파를 쑥대밭으로 만들었어요. 겁에 질린 제노바인들은 배를 타고 서둘러 카파를 떠났어요. 그런데 배에는 사람만 탔던 게 아니었어요. 흑사병의 병균까지 함께 타는 바람에 바다 위에서 사람들이 죽은 거예요. 시칠리아 메시나항으로 시체를 실은 '죽음의 배'가 들어온 거나 마찬가지였어요.

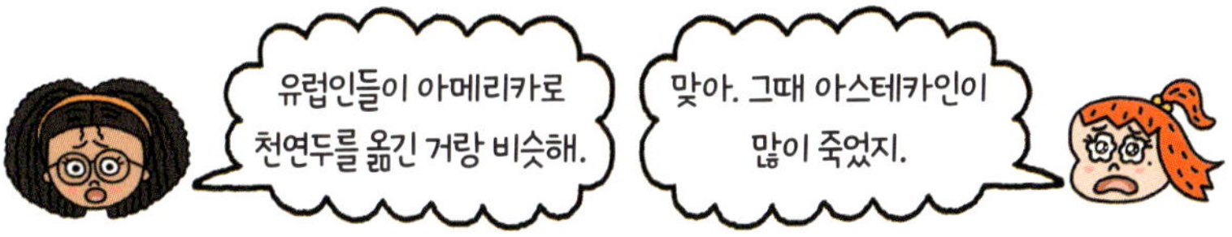

더 큰 문제는 카파에서 출발한 배들이 머물렀던 지중해 항구 도시마다 흑사병 환자가 잇따라 생겼다는 거예요. 흑사병은 나폴리, 로마, 피렌체로 퍼져 나갔어요. 시칠리아와 비슷한 시기에 프랑스 마르세유에서도 흑사병 의심 환자가 나타났고, 이듬해 6월에는 에스파냐까지 확산되었어요. 결국 흑사병은

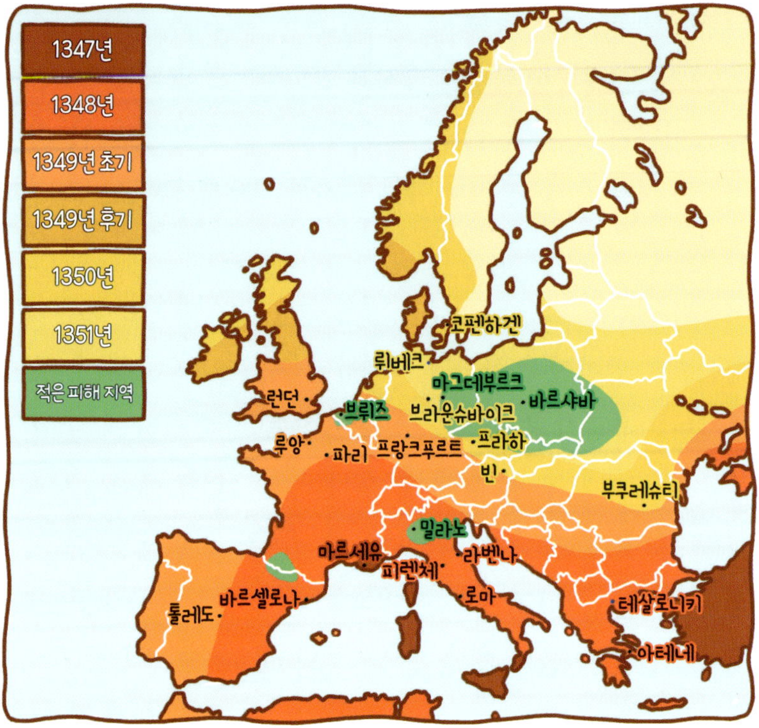

↑ 흑사병의 연도별 확산 지역

벨기에, 오스트리아, 노르웨이, 덴마크, 독일을 집어삼키고 섬나라 영국까지 퍼져 나갔어요.

학자들은 흑사병이 교역로를 따라 유럽에 확산되는 데 불과 2~3년밖에 걸리지 않았다고 해요. 보통 감염병이 창궐하는 데 대략 10년이 걸리는 데 비하면 흑사병이 퍼진 속도는 엄청나게 빨랐던 거지요.

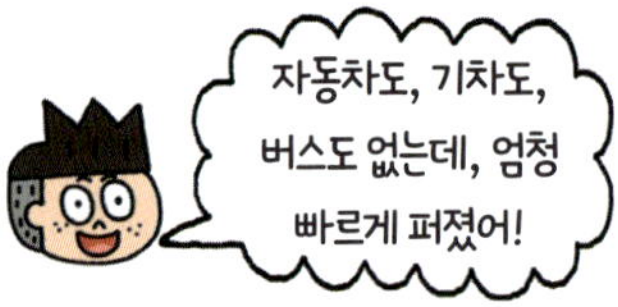

자동차도, 기차도, 버스도 없는데, 엄청 빠르게 퍼졌어!

흑사병의 원인과 감염 경로

흑사병은 페스트균이 일으키는 급성 전염병이에요. 흔히 페스트라고 부르는데, 페스트는 라틴어로 '돌림병'을 뜻하는 말이에요. 흑사병이 14세기 유럽을 휩쓸면서 페스트가 곧 흑사병을 가리키는 말이 됐지요.

흑사병의 증상 중 하나는 신체가 끝부분부터 검게 변하는 거예요. 페스트균이 혈관에 침투하면 피가 딱딱하게 굳게 돼요. 그러면 피가 잘 돌지 않게 되고 손가락, 발가락 같은 곳부터 피부의 조직 세포가 죽으면서 마치 먹물을 찍은 듯 새까맣게 변해요. 이 증상 때문에 한자로 검을 흑(黑), 죽을 사(死), 병 병(病) 자를 써 흑사병, 영어로는 블랙 데스(Black death), 즉 검은 죽음의 병이라고 불리게 됐죠.

오늘날 사람들은 과학의 발달 덕분에 흑사병의 원인이 페스트균인 걸 알지만, 중세 유럽인들은 몰랐어요. 흑사병에 왜 걸리는지 모른 채 죽었던 거예요. 페스트균은 사람들에게 어떻게 옮아갔을까요?

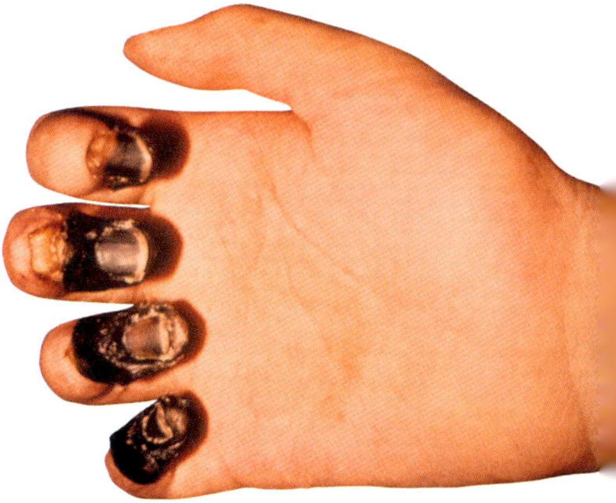

흑사병의 증상 ↑

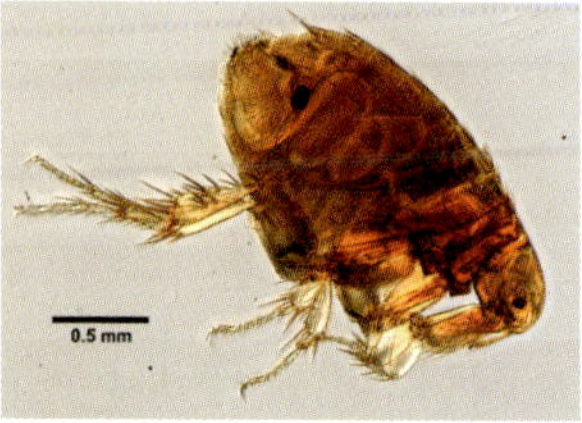
0.5 mm
↑ 쥐벼룩

사람들은 흑사병을 퍼뜨린 매개체로 흔히 쥐를 떠올려요. 쥐가 페스트균을 옮겼다고 생각하는 거지요. 하지만 쥐보다 중요한 매개체가 있어요. 몸길이 2밀리미터의 아주 작은 곤충인 쥐벼룩이에요.

흙 속을 기어다니다 페스트균에 먼저 감염된 쥐벼룩이 쥐에 옮아요. 쥐벼룩은 쥐에게 기생하며 쥐가 가는 곳마다 따라다녀요. 그런데 쥐가 어딜 돌아다닐까요? 바로 사람이 사는 곳 주변! 쥐와 함께 사람 주변을 다니던 쥐벼룩이 사람을 물면, 사람이 페스트균에 감염되는 것이지요.

쥐벼룩 말고 다른 감염 경로도 있었어요. 바로 사람 간 전파예요. 페스트균에 감염된 사람이 기침이나 재채기를 하거나 말을 할 때 입에서 나오는 작은 침방울인 비말을 통해 감염되는 거지요.

중세에는 흑사병에 걸린 사람을 쳐다만 봐도 병이 옮는다는 말이 있었어요. 정말 그랬단 건 아니고요. 서로 가까이에서 쳐다보며 얘기하다 비말로 페스트균에 감염되는 일이 많았기 때문이었죠. 이렇게 흑사병이 사람들 사이에 퍼져 나갔어요.

코로나19도 비말로
감염됐는데,
좀 비슷해.

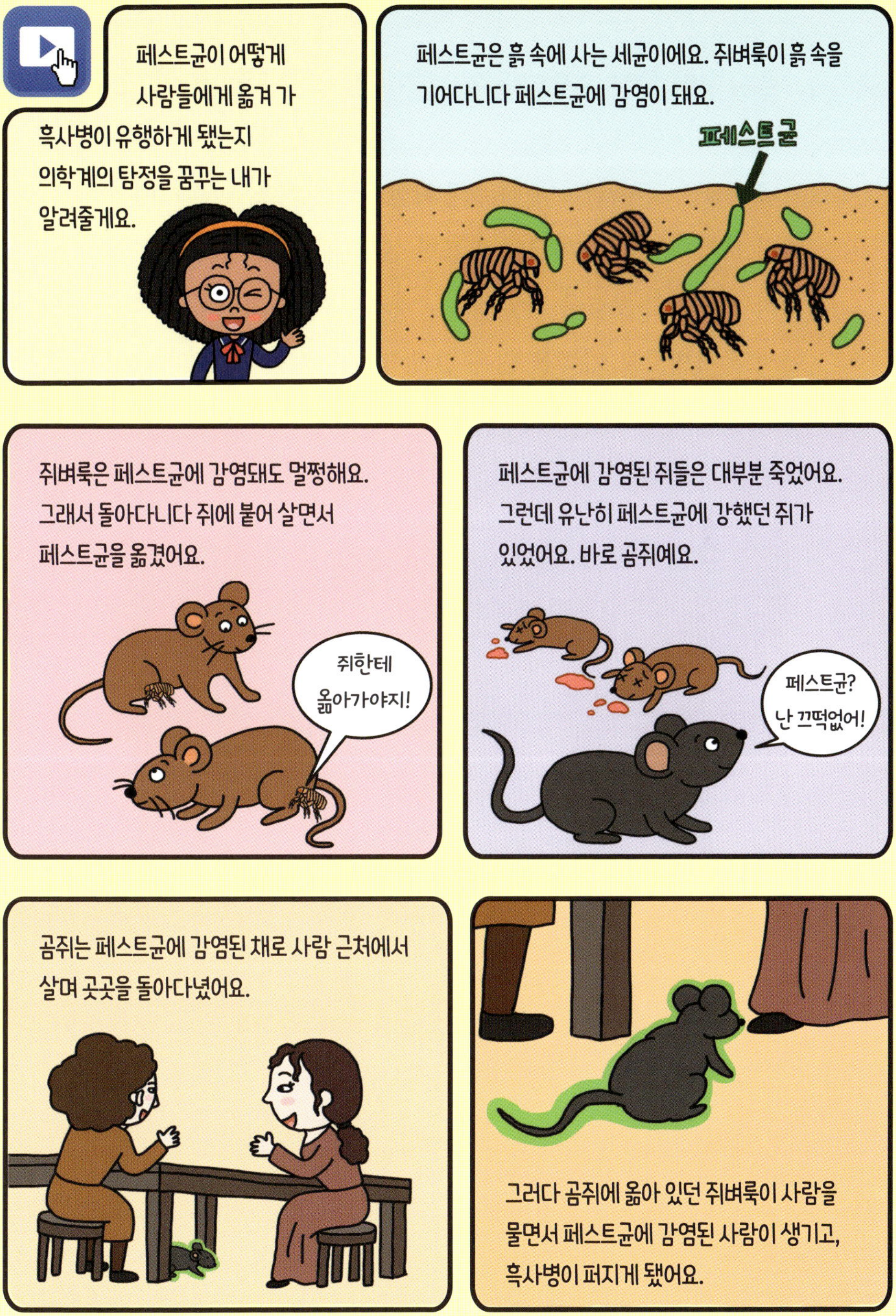
페스트균이 어떻게 사람들에게 옮겨 가 흑사병이 유행하게 됐는지 의학계의 탐정을 꿈꾸는 내가 알려줄게요.
페스트균은 흙 속에 사는 세균이에요. 쥐벼룩이 흙 속을 기어다니다 페스트균에 감염이 돼요.
페스트균
쥐벼룩은 페스트균에 감염돼도 멀쩡해요. 그래서 돌아다니다 쥐에 붙어 살면서 페스트균을 옮겼어요.
쥐한테 옮아가야지!
페스트균에 감염된 쥐들은 대부분 죽었어요. 그런데 유난히 페스트균에 강했던 쥐가 있었어요. 바로 곰쥐예요.
페스트균? 난 끄떡없어!
곰쥐는 페스트균에 감염된 채로 사람 근처에서 살며 곳곳을 돌아다녔어요.
그러다 곰쥐에 옮아 있던 쥐벼룩이 사람을 물면서 페스트균에 감염된 사람이 생기고, 흑사병이 퍼지게 됐어요.

흑사병의 확산 속도와 원인

흑사병은 당시 얼마나 빠르게 확산되었을까요? 이탈리아의 작가 보카치오는 1470년에 발표한 〈데카메론〉에 흑사병이 유행하던 유럽의 모습을 담았어요. 〈데카메론〉은 피렌체 대성당에서 흑사병으로 가족을 잃은 일곱 명의 여성이 세 명의 남성을 만나 열흘간 나누었던 이야기 100편을 모은 소설집이에요. 그중 한 부분을 한번 볼게요.

> 젊은이들이 아침에 부모와 동료, 친구와 함께 식사를 하고 나서 바로 그날 저녁에 저세상에서 앞서가신 분들과 저녁을 먹게 될 줄이야.

아침 식사를 했던 건강한 젊은이조차 한나절 만에 흑사병에 걸려 숨졌다는 거예요. 당시 흑사병의 감염 속도가 얼마나 빠르고 심각했는지 알 수 있지요.

또 흑사병으로 얼마나 많은 사람들이 죽었는지를 알려 주는 유적도 있어요. 체코에 있는 세드렉 성당이에요. 언젠가부터 세드렉 성당의 묘지에 예루살렘에서 가져온 흙이 뿌려졌다는 말이 퍼지면서 많은 사람들이 이곳에 묻히길 소망했어요. 평소에도 많은 유골이 세드렉 성당으로 들어오는데, 흑사병이 유행하고 후스 전쟁•까지 일어나면서 세드렉 성당의 납골당에는 미처 묻지 못한 유골들이 어마어마하게 쌓이게 됐어요.

후스 전쟁
체코의 종교 개혁가 후스가 로마 교회로부터 이단으로 몰려 처형당하자 1419년 후스를 따르던 체코 시민들이 항의하며 일으킨 종교 전쟁.

세드렉 성당은 수없이 쌓인 유골들을 어떻게 처리할지 고심했어요. 그리고 끔찍한 전염병과 전쟁으로 목숨을 잃은 이들의 영혼을 위로하는 의미로 유골들을 활용해 내부를 꾸미기로 결정했어요. 지금도 세드렉 성당에 가면, 4만여 개의 유골로 꾸민 내부 장식을 볼 수 있답니다.

유골로 장식된 세드렉 성당 내부 ↑

오늘날은 사람들이 비행기로 전 세계를 이동하는 시대지만, 중세는 그렇지 않았어요. 그런데도 흑사병이 빠르게 확산된 데에는 몇 가지 원인이 있어요. 하나씩 살펴볼게요.

먼저 당시 유럽의 기후 조건을 들 수 있어요. 1300년대 유럽은 소빙하기라 불릴 정도로 기온이 많이 내려가 매우 추웠어요. 전례 없는 이상 기후가 오랫동안 이어져 농사를 제대로 지을 수 없었지요.

소빙하기

1300년부터 1850년까지의 시기로, 유럽과 북아메리카의 겨울 평균 기온이 현재보다 2도 낮았던 것으로 추정된다.

흉년으로 기근이 들자 사람들의 영양 상태는 엉망이었어요. 영양 상태가 좋지 않으니 면역력이 약해질 대로 약해졌죠. 면역력이 약해진 사람들은 쉽게 페스트균에 감염됐어요.

다음은 생활 환경을 들 수 있어요. 당시 유럽은 정말 최악의 위생 환경이었어요. 중세 시대의 거리는 굉장히 더러웠어요. 사람들이 똥과 오줌 같은 배설물을 모두 길거리에 버렸기 때문이에요. 요즘 같은 화장실이 없었거든요.

평민들은 요강에 볼일을 보고 요강에 찬 배설물을 창밖으로 버렸어요. 귀족들은 성에 공중화장실을 만들어 사용했어요. 성벽에 튀어나온 창문처럼 생긴 곳이 공중화장실이었지요.

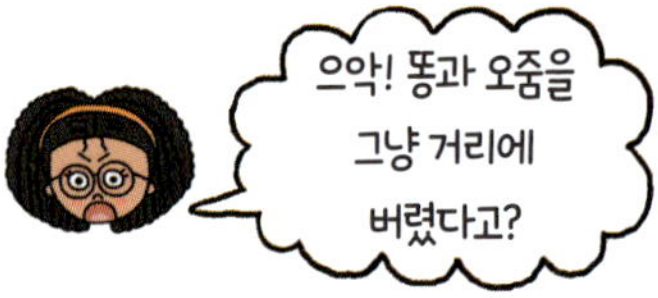

중세 성의 공중화장실 ↑

그런데 이 공중화장실은 밑에 구멍이 뚫려 있었어요. 똥이나 오줌을 누면 그대로 성 밖으로 떨어지는 구조였죠. 밖은 바로 사람들이 다니는 길거리였고요.

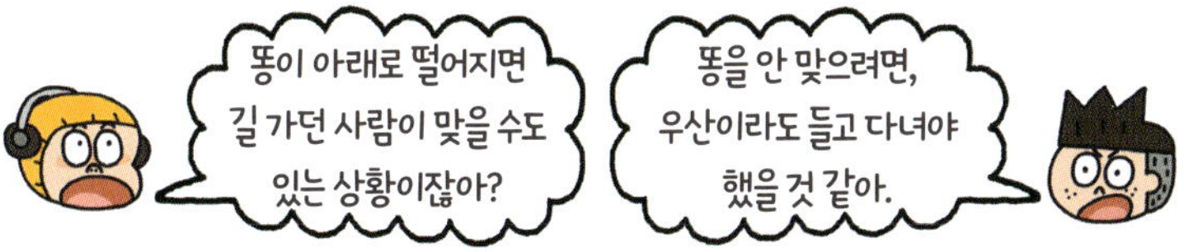

거리는 평민들이 버린 요강의 배설물, 귀족들이 공중화장실에서 떨어뜨린 배설물, 동물들이 눈 배설물까지 그야말로 배설물 천지였어요. 중세 유럽의 거리는 보기에도 더러웠을 뿐만 아니라 악취도 심했어요.

중세 유럽에는 하수도 시설도 없었어요. 그러니 목욕을 제대로 할 수 없었지요. 왕과 귀족은 몸이 더러워지면 깨끗한 옷으로 갈아입었어요. 몸에서 나는 냄새는 향수를 뿌려 가렸고요.

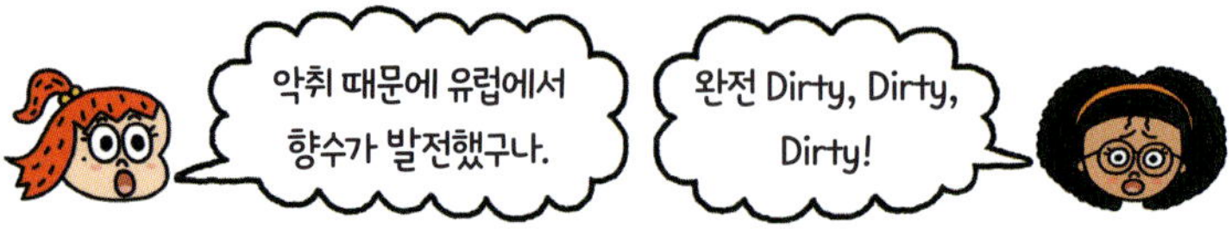

흑사병이 확산된 데에는 기후와 생활 환경 외에도 종교의 영향도 있었어요. 흑사병에 걸리면 시꺼멓게 변해서 죽는다고 했죠? 이걸 보면서 사람들은 흑사병을 신이 내린 형벌이라고 여기게 됐어요. 죄를 지어서 벌을 받은 것이라고요. 그래서 교회를 찾아가 그동안 지은 죄를 뉘우치며 용서해 달라고 비는 사람들이 많았어요. 교회에서는 대규모 집회가 자주 이뤄졌

↑ 채찍질 고행단

고, 흑사병은 더욱 빠르게 확산되었지요.

어떤 사람들은 자기 몸에 채찍질하며 고행을 하기도 했어요. 채찍에 상처가 난 자리가 세균에 감염되면서 더 많은 사람들이 죽었죠. 게다가 고행을 하는 사람들은 무리를 지어 이곳저곳을 돌아다니며 "회개하라, 회개하라." 하고 외쳤어요. 흑사병은 비말로도 감염될 수 있다고 했잖아요. 의도하진 않았지만, 흑사병을 퍼뜨리는 결과를 가져왔죠.

사람들은 교회의 가르침대로 기도하고, 고행을 해도 효과가 없자 뭔가 이상하다고 느꼈어요. 성직자들조차 죽음을 피하지 못하고, 죄를 짓지 않은 사람들, 심지어 죄를 지을 새도 없는 어린아이들까지 죽어 나가고 있었으니까요.

"나는 죄를 지었으니까 병에 걸려 죽는 걸 거야. 그런데 죄를 짓지 않은 사람까지 병에 걸려 죽고 있어. 이게 정말 신의 뜻인 걸까?"

죄 없는 아이까지
데려가시다니요.
정녕 하나님의 뜻인가요?

사람들은 신앙에 대해 의심을 품었고 종교에 회의를 느끼기 시작했어요. 흑사

병이 교회에 대한 신뢰를 흔든 거지요.

신앙으로도 흑사병을 이겨 낼 수 없자 사람들은 공포를 느꼈어요. 사람들은 흑사병이 퍼진 도시를 도망치듯 떠났어요. 거리에는 죽은 사람들의 시체가 널려 있었지만, 아무도 치우지 않았어요. 사람들은 시체를 보기만 해도 흑사병에 걸린다고 생각해 시체에 눈길도 주지 않고 피해 갔던 거예요.

가족도 거두지 않은 사람의 시체는 마치 동물의 시체처럼 거리에 버려져 있었어요. 그러다가 일꾼들이 한 번씩 수레에 실어 구덩이에 파묻었죠. 이렇게 도시는 완전히 망가졌어요.

흑사병에 대한 공포가 만든 비극

사람들은 죽음의 공포 속에서 이 상황을 탓할 대상을 찾기 시작했어요. 그런데 가만 보니, 유독 유대인들이 흑사병에 잘 걸리지 않는 거예요. 사람들은 생각했죠.

"유대인들이 무슨 술수를 쓰는 게 아닐까?"

당시 유대인들은 유대교 율법에 따라 기도하기 전, 식사하기 전, 집으로 돌아온 후 등 손을 자주 씻었어요. 청결한 생활 습관을 지니고 있었지요. 유대인들 자신도 모르게 흑사병에 걸리지 않을 수 있게 대처 했던 거예요. 하지만 사람들 눈에 유대인들의 청결한 습관은 보이지 않았어요.

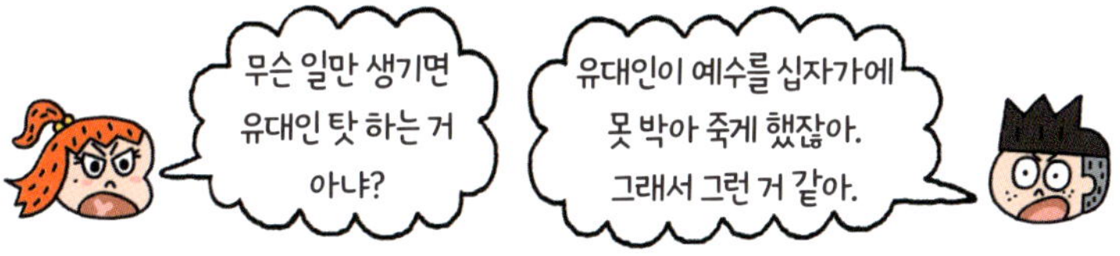

사람들은 유대인들을 미워했고, 유대인이 고의로 우물에 독을 풀어 흑사병을 퍼뜨렸다는 소문까지 나기 시작했어요. 영국의 저널리스트이자 역사학자인 폴 존슨은 1987년에 〈유대인의 역사〉란 책에 흑사병 유행 당시 유대인들이 당했던 비극을 소개했어요.

사람들은 소문에 따라 우물에 독을 풀었을 것 같은 유대인을 잡아들여 고문을 했어요. 고문에 못 이긴 유대인이 거짓으로 아무 이름이나 대자 그 이름을 가진 유대인을 모두 잡아들여 또 고문을 했지요. 이렇게 꼬리에 꼬리를 물며 지목된 유대인들을 잡다가 결국엔 유대인을 전부 몰아서 학살하기에 이르렀어요.

당시 강대국이었던 독일과 오스트리아, 프랑스, 에스파냐에서 특히 심한 유대인 학살이 이루어졌어요. 자료에 따르면 독일의 한 도시에서는 6천여 명, 프랑스의 한 도시에서는 2천여 명이 학살됐다고 해요. 정말 끔찍한 일이었죠.

흑사병의 종식, 그리고 변화

도시가 망가지고 학살이 일어나는 혼란 속에서도 흑사병을 이겨 내기 위해 노력한 사람들이 있어요. 바로 의사들이에요.

흑사병 하면 어떤 사람들은 까마귀 복장을 떠올려요. 흑사병을 치료하러 다녔던 의사들이 꼭 까마귀 같이 입었기 때문이에요. 이 옷은 17세기에 만들어졌어요. 프랑스 물랭에 살았던 의사 샤를 드 로름이 만들었죠. 지금은 좀 이상해 보이지만, 샤를 드 로름이 이렇게 옷을 만든 데는 이유가 있었어요.

↑ 중세 시대 흑사병 의사

균이 침투하지 못하도록 가죽 외투로 전신을 가리고, 보호용 유리로 눈 전체를 막았어요. 감염병 환자와 접촉하지 않기 위해 고안한 디자인이었어요. 부리 모양 부분에는 향료, 식초 등을 넣은 뒤 구멍을 뚫어 그 부분으로 숨을 쉬었어요. 나쁜 공기를 걸러 내고 소독하는 여과 장치 같은 역할을 한 거예요. 부리

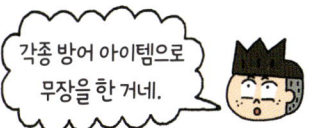

모양이 좀 괴상하지만, 전체적으로는 오늘날 방호복과 비슷한 기능을 했던 복장이라고 볼 수 있지요.

또, 이 복장을 했던 흑사병 의사들은 항상 막대기를 들고 다녔어요. 진찰할 때 가까이 다가오는 환자를 밀어내는 데 쓰고, 환자가 살아 있는지 확인할 때 찔러 보는 용도로도 썼지요. 그리고 또 다른 용도가 있었어요. 여기서 문제!

Q

17세기에 활동한 흑사병 의사가 막대기를 들고 다녔던 또 다른 이유는 무엇일까요?

마법사가 마법을 부릴 때 지팡이를 휘두르는 것처럼 의사도 병을 치료한다면서 막대기를 휘두른 거 아닐까?

해리포터처럼? 윙가르디움 레비오우사!

집게 대신 막대기로 약 같은 걸 준 거 아닐까?

병의 원인도 모르는데 약이 있었을까?
환자를 밀쳐낼 때 막대기를 쓴 걸 보니
왠지 막대기로 환자를 때리기도 했을 것 같아.

정답! 당시에는 흑사병을 '신의 형벌'이라 생각했잖아요. 일부 의사들도 흑사병 치료를 위해 죄를 씻어 내야 한다면서 환자들에게 매질을 하곤 했어요. 실제로 환자들도 회개하고자 하는 마음에 오히려 나를 때려 달라고 부탁하는 경우도 있었다고 해요.

윽! 의사가 환자를 때리다니 충격적이에요.

사실 흑사병 의사들이 한 매질보다 나쁜 치료법이 있어요. 바로 피를 뽑는 치료인 '사혈'이었어요. 사혈로 나쁜 피를 뽑아 정화하면 병이 낫는다고 믿은 것이지요. 그러나 몸에 상처를 내는 사혈은 면역력이 약한 흑사병 환자를 더 빠르게 죽음으로 몰아넣었어요. 하지만 흑사병 의사를 무조건 나쁘다고 할 수는 없어요. 의사로서 최선을 다해 치료를 한 것이니까요. 그저 아는 것이 없는 '무지'가 죄였을 뿐이지요. 그래서 질병의 역사는 '무지와의 싸움의 역사'라는 말도 있답니다.

14세기 중반부터 반세기 가까이 흑사병이 유행하면서 당시 유럽 인구의 3분의 1, 즉 세 명 중 한 명꼴로 목숨을 잃었어요. 그로 인해 급격한 사회 변화가 찾아왔어요.

중세 유럽의 경제를 지탱하던 봉건 제도가 무너졌어요. 당시 중세 유럽에서 농노들은 귀족들의 땅을 빌려 농사를 짓고 수확물을 바치거나 일을 했어요. 그런데 흑사병이 퍼지자 많은 농노들이 죽고 말았어요.

농사를 지을 일손이 부족해지자 노비나 다름없었던 농노들에 대한 대우가 달라졌어요. 노동력이 부족해지면서 농노들은 임금을 더 많이 주는 곳으로 언제든 옮겨 갈 수 있게 되었어요. 이런 과정에서 소작농, 자작농이 생기고 지주가 된 농노가 생겼어요. 새롭게 부와 권력을 쌓는 계층이 늘어나면서 중세 봉건 제도는 점차 무너질 수밖에 없었지요.

무엇보다 흑사병으로 인한 가장 큰 변화는 농민들 스스로 자신이 가치 있는 존재라고 인식하기 시작했다는 점이에요. 인간 중심의 새로

↑ 레오나르도 다빈치

↑ 미켈란젤로

↑ 라파엘로

운 사고방식인 인본주의가 싹트면서, 유럽은 정치, 과학, 예술 등 다방면이 발달한 르네상스 시대가 열렸어요. 레오나르도 다빈치, 미켈란젤로, 라파엘로 등 대표적인 예술가도 등장했지요.

흑사병은 1347년에 시작된 유행이 잠잠해진 듯하다가 또 유행하고 유행하길 반복했어요. 그러다 17세기가 지나서야 드디어 막을 내렸지요. 그러나 전염병의 역사는 끝이 아니었어요. 사상 최대의 사망자 수를 기록하면서 20세기에 전 세계를 초토화한 전염병이 등장했지요. 그 전염병의 정체를 밝히러 두 번째 여행지, 미국으로 떠나 볼까요?

2장

20세기 최악의 팬데믹

이곳은 미국 중부에 있는 캔자스주예요. 미국 본토의 한가운데 위치해 '미국의 심장부'라고 불리는 이곳은 아직도 아메리카들소가 자유롭게 돌아다닐 만큼 드넓은 초원이 끝없이 펼쳐져 있어요. 대농장에 밀 농사를 많이 지어서 '세계의 빵 바구니'라는 별명이 붙여졌고, 명작 동화인 〈오즈의 마법사〉에서 주인공 도로시가 회오리바람에 휩쓸려 오즈의 나라로 떠났다가 다시 돌아온 농장이 있는 곳도 캔자스주였지요.

들소와 농장이 있는 미국의 심장부, 캔자스주에서 어떤 전염병이 퍼진 걸까요? 1918년 발병해 2년 만에 전 세계적으로 5천

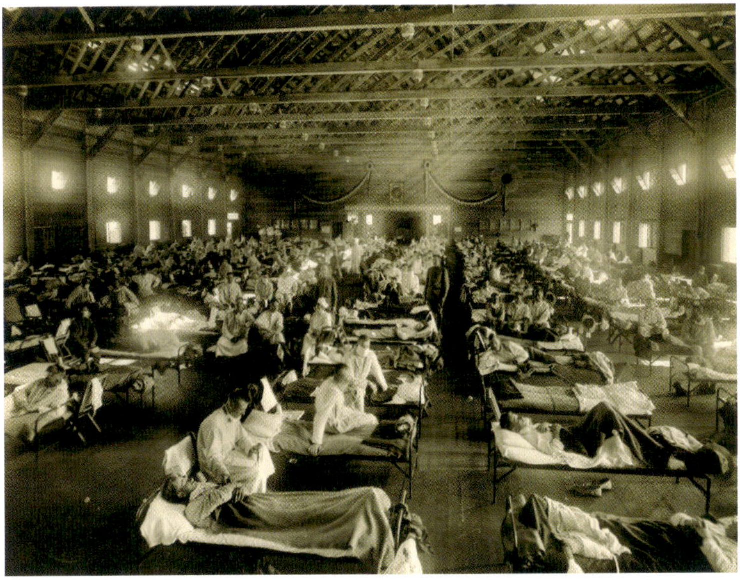

스페인 독감에 걸린 환자를 치료했던 미국 캠프 펀스턴 군사 병원 ↑

만 명이 사망한 '스페인 독감'이에요. 스페인 독감이 언제 어디서 시작됐는지는 정확히 확인되지 않았어요. 다만 스페인 독감이 처음 보고된 곳이 미국 캔자스주라는 것만 알려졌죠. 과연 이곳에서 어떤 일이 있었을까요?

미국에서 시작된 스페인 독감

1918년 2월, 미국 캔자스주의 한적한 시골 지역인 해스컬에서 수상한 사건이 발생했어요. 지역 청년들이 집단으로 심한 열과 기침, 몸살에 시달린 거예요. 그런데 증세가 좀 이상했어요. 지역 의사였던 로링 마이너는 청년들의 감기 증세가 기존 감기와는 다르다고 판단했어요. 그래서 벌어진 사건을 보고서

로 작성해 한 의학 전문지에 보냈어요. 이것이 스페인 독감이 보고된 최초의 사례였어요.

스페인 독감이 처음 발병했을 때 사람들이 공포에 떤 이유는 특별한 증상 때문이었어요. 발열과 함께 '청색증'이 생겼거든요. 청색증은 말 그대로 몸이 청색으로 바뀌는 증상이에요. 폐 안에 염증이 발생해 호흡을 제대로 하지 못하면서 피부가 푸르스름하게 바뀌는 거예요.

스페인 독감에 걸리면 처음엔 평범한 감기나 독감과 비슷한 증상을 보여요. 하지만 몇 시간 뒤에는 호흡이 어려워 숨을 헐떡이게 되고 청색증이 나타나기 시작해요. 귀와 입술이 파랗게 변하고, 얼굴 전체가 검푸른색으로 변하면서 죽음을 맞이하게 돼요. 그러니 사람들이 얼마나 놀랐겠어요? 사람이 퍼렇게 되어서 끝내 숨을 거두고 마니까요.

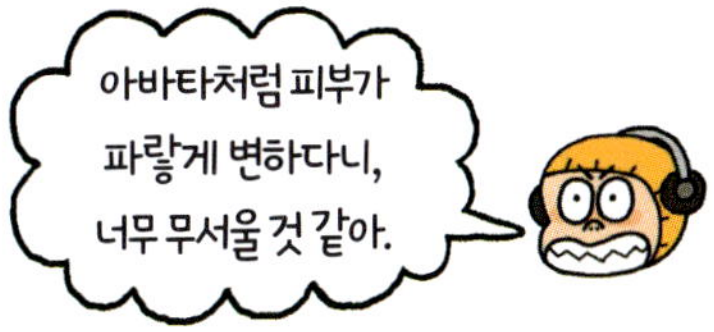
아바타처럼 피부가
파랗게 변하다니,
너무 무서울 것 같아.

청색증 말고도 끔찍했던 증상이 또 있어요. 청색증이 나타나면서 코, 입, 귀, 심지어는 눈에서까지 피가 섞인 액체가 흘러나오기도 했어요. 생각만 해도 끔찍한 모습이죠. 스페인 독감에 걸린 사람이 느낄 극심한 고통은 말할 것도 없고요.

캔자스주 해스컬에서 발병 보고된 스페인 독감이 전 세계로 확신된 데는 한 역사적 사건이 큰 영향을 미쳤어요. 그 사건은 바로 제1차 세계 대전이에요. 스페인 독감은 '1918년 인플루엔자'로 부르기도 하는데, 1918년은 전쟁이 막바지에 들어선 해였어요. 제1차 세계 대전은 어떻게 스페인 독감을 확산시켰을까요?

1918년 초, 캔자스주에 있던 미군 주둔지인 캠프 펀스턴의 군인들이 정체를 알 수 없는 독감에 걸렸어요. 그중에는 해스컬에서 온 젊은이도 섞여 있었죠. 하지만 이를 대수롭지 않게 여겼던 미국은 독감에 걸린 군인들을 파병했어요. 군인들은 대서양을 건너 프랑스, 벨기에 등이 있는 서부 전선으로 이동했고, 미국이 정체를 몰랐던 독감인 스페인 독감도 그 경로를 따라 이동했어요.

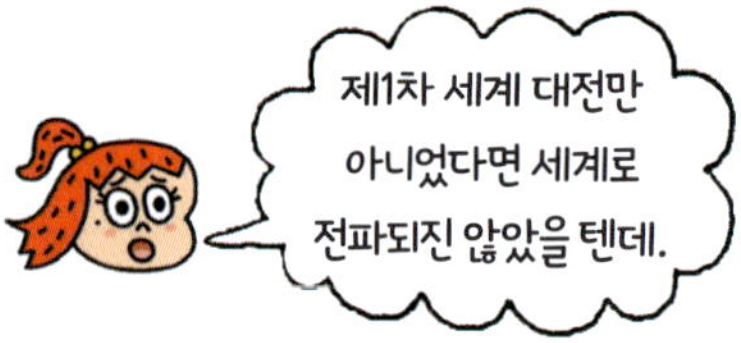

제1차 세계 대전만 아니었다면 세계로 전파되지 않았을 텐데.

제1차 세계 대전의 서부 전선은 참호전이 한창이었어요. 군인들이 머무는 참호는 대서양을 건너온 스페인 독감이 퍼지기에 딱 좋은 환경이었지요. 참호 안은 비좁고 바닥에 항상 물이 차 있어 비위생적이었으니까요. 스페인 독감에 걸린 군인이 한 명이라도 있다면 금세 참호 안에 있는 군인 전부가 감염될 환경이었던 거예요.

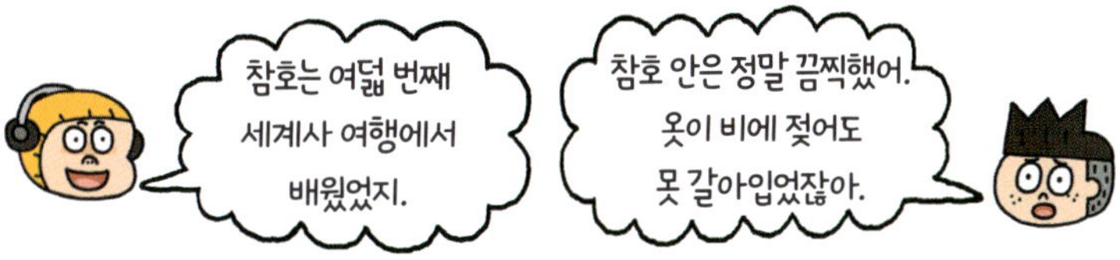

게다가 군인들은 전쟁 중이라 제대로 먹지 못해 영양이 부족한 상태였어요. 전쟁이라는 극심한 스트레스로 면역력도 떨어졌고요. 스페인 독감은 전 세계에서 서부 전선으로 파병된 군인들 사이에 널리 퍼졌어요. 그리고 이들이 다시 자기 나라로 돌아가면서 스페인 독감은 무서운 속도로 퍼져 나갔어요. 전쟁이 전염병의 세계적 대유행을 불러일으킨 거예요.

제1차 세계 대전에 참전한 연합국들은 군인들 사이에 전염병이 퍼지고 있다는 사실을 숨겼어요. 전염병이 퍼진다는 건 곧 전력이 약해지고 있다는 뜻이잖아요. 적국인 동맹국의 사기를 높여 줄 소식이죠. 그래서

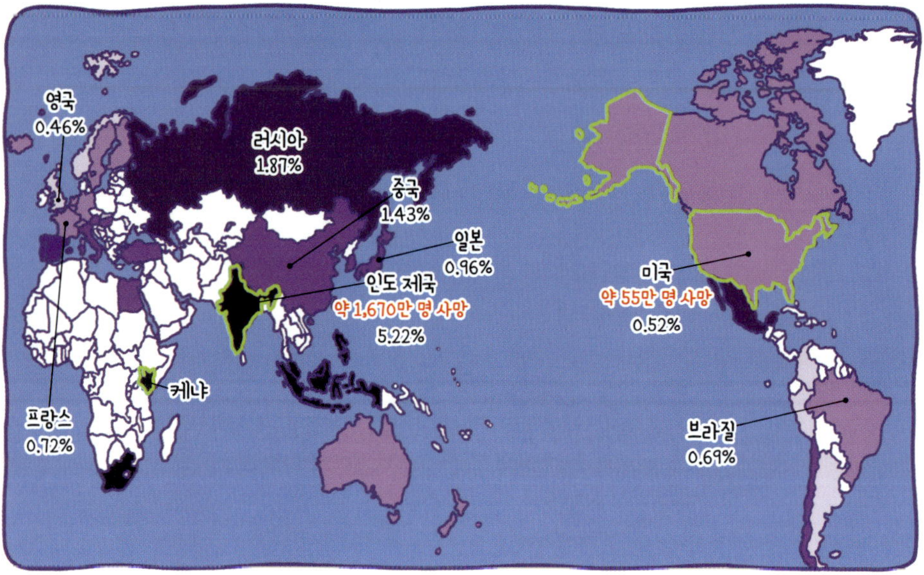

↑ 1918년~1920년 스페인 독감 인구수 대비 사망률

연합국은 물론이고, 스페인 독감이 시작된 미국도 전염병의 발병 사실이 언론에 보도되지 않도록 철저히 통제했어요.

스페인 독감이 세상에 알려진 건 연합국과 동맹국 양측 어느 편도 들지 않은 중립국 에스파냐에 의해서였어요. 에스파냐는 언론을 통제하지 않았고, 에스파냐의 언론은 유럽에 퍼진 독감 상황을 있는 그대로 보도했어요. 사람들은 에스파냐의 언론을 통해 그제야 독감의 증상과 유행을 알게 됐어요.

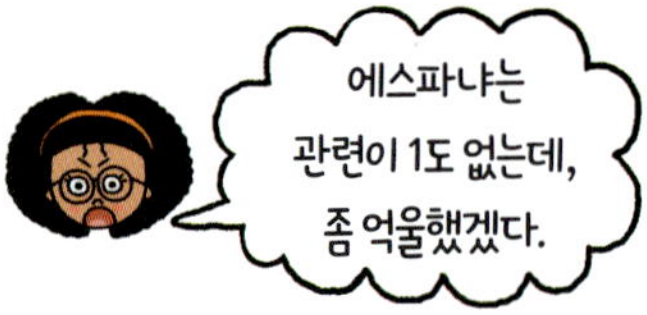

에스파냐는
관련이 1도 없는데,
좀 억울했겠다.

이로 인해 독감의 이름에 에스파냐의 영어 국명인 '스페인'이 붙었고, 오늘날까지 '스페인 독감'이라고 불리게 되었죠.

연합국이 언론을 통제하며 스페인 독감의 유행 사실을 숨긴 대가는 혹독했어요. 미국은 약 55만 명이 스페인 독감으로 목숨을 잃었고, 아시아에도 퍼져 인도에선 약 1,670만 명이 목숨을 잃었어요. 우리나라에서도 약 740만 명이 감염됐던 것으로 추정하는데, 당시 〈매일신보〉에 독감 때문에 추수철인데도 일을 하지 못해 민심이 흉흉하다는 기사가 실리기도 했어요.

1918년 말부터는 남아메리카, 남아프리카까지 확산돼 전 세계적으로는 5천만 명 이상이 숨졌어요. 제1차 세계 대전으로 인한 사망자가 1,500만 명인데, 전쟁보다 스페인 독감으로 목숨을 잃은 사람이 훨씬 더 많았던 거예요.

스페인 독감과 사이토카인 폭풍

스페인 독감은 좀 특이한 점이 있었어요. 일반적인 독감은 나이대가 높을수록 사망자가 많이 나오는 경향이 있어요. 그런데 스페인 독감은 사망자 5천만 명의 대부분이 65세 이하였어요. 특히 20세~45세, 건강이 좋을 나이대의 사람들이 전체

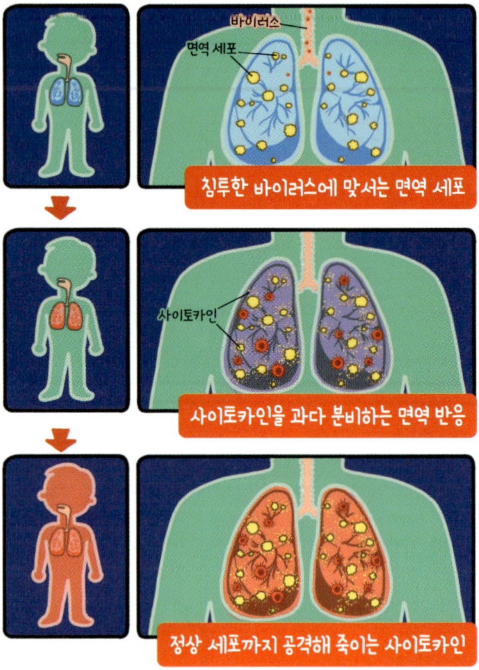

↑ 사이토카인 폭풍

사망자의 60퍼센트를 차지했어요. 왜 그랬을까요? 이와 관련해서는 '사이토카인 폭풍'이란 말을 알아두세요. 코로나19 때 뉴스에도 종종 나왔던 말이거든요.

사이토카인은 면역 세포가 세균이나 바이러스에 대항하기 위해 분비하는 단백질이에요. 우리 몸이 면역력을 적절하게 조절하는 데 필수적인 역할을 하지요. 그런데 65세 이상의 사람들은 면역 체계의 기능이 젊은이보다 낮아요. 바이러스에 감염되어도 사이토카인을 분비하는 면역 반응이 약하게 일어나죠.

반면 젊은이들은 면역 체계의 기능이 왕성해서 외부에서 바이러스가 들어오면 면역 반응이 격렬하게 일어나요. 그런데 면역 세포들이 과도하게 역할을 하면서 사이토카인을 많이 분비하다 보니 우리 몸에 있는 정상 세포까지 마구 공격하는 이상 반응이 나타나요. 아이러니하게도 면역력이 너무 강해서 목숨을 잃는 일이 벌어지는 게 사이토카인 폭풍이에요.

스페인 독감에 걸린 사람들이 워낙 많다 보니, 그중에는 우리가 잘 아는 인물들도 있었어요. 당시 미국의 대통령이었던 우드로 윌슨은 제1차 세계 대전의 종전 회의를 앞두고 스페인 독감에 걸렸어요. 우리나라의 독립운동가 김구도 1919년에 스페인 독감에 걸려 고생했다는 이야기가 〈백범일지〉에 나오지요.

↑ 우드로 윌슨

↑ 김구

황금빛의 화려한 그림으로 유명한 〈키스〉를 그린 오스트리아의 화가 구스타프 클림트도 비슷한 시기에 스페인 독감에 걸렸어요. 하지만 안타깝게도 목숨을 잃고 말았어요.

↑ 구스타프 클림트

또 해골과 같은 얼굴을 가진 사람

↑ 스페인 독감에 걸리기 전 뭉크

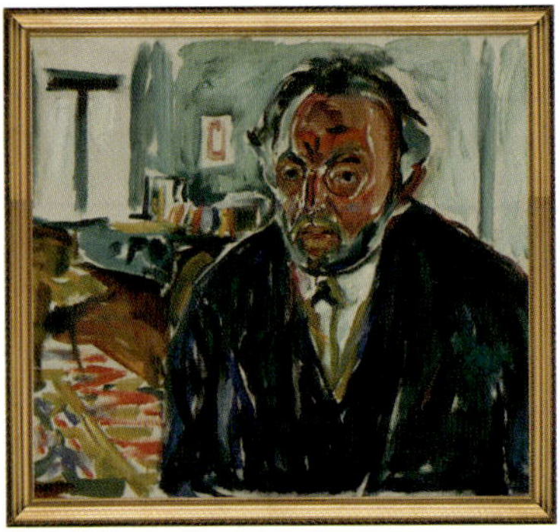
↑ 스페인 독감에 걸린 후 뭉크

이 두려움에 떨며 귀를 손으로 막고 있는 그림인 〈절규〉로 유명한 노르웨이의 화가 에드바르 뭉크도 스페인 독감에 걸렸다가 회복됐다고 해요. 뭉크는 스페인 독감에 걸린 자기 모습을 자화상으로 남겼는데 이전과는 확연히 다른 모습이었죠.

스페인 독감이 가져온 변화

스페인 독감에 걸리면 보통 기침을 해요. 사람들은 누군가 근처에서 기침을 하면, 스페인 독감에 걸릴까 봐 걱정했지요. 많은 사람들이 감염되고 죽기도 하니까 무서움도 느꼈고요. 하지만 흑사병 때와는 상황이 좀 달랐어요. 20세기는 의학이 좀 더 발달했고, 기침이라는 확연한 증상이 있었거든요.

각국에서 전염병 확산을 막기 위해 다양한 방역 조치를 내놓

마스크를 쓴 미국 경찰들 ↑

았어요. 먼저 비말로 인한 전파를 막기 위해 마스크 착용을 권고했어요. 신문을 통해 대대적으로 홍보한 결과 마스크 착용이 처음으로 보편화되었어요. 미국에서는 경찰관들도 마스크를 쓰고 활동했고, 프로 야구 경기장에서는 선수, 심판, 관중까지 모두 마스크를 썼어요. 마스크를 쓰지 않으면 전차 탑승이 거부되기도 했지요.

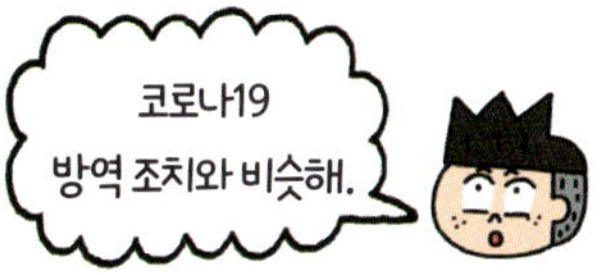

공공장소에서는 침을 뱉지 말 것을 권고했어요. "침을 뱉으면 죽음이 퍼진다."는 문구가 적힌 포스터가 사람들이 많이 다니는 전차나 거리의 가로등에 붙어 있었지요. 또 소독과 환기가 중요한 예방법으로 활용되었어요. 오늘날 우리가 코로나19 팬데믹 때 했던 예방과 방역 활동과 일치하지요.

엄청난 위력을 떨쳤던 스페인 독감은 1920년 갑자기 잠잠해졌어요. 격리와 방역의 효과라는 설도 있고, 집단 면역•이 생겼

당시에 찍힌 가족사진이에요. 뭔가 눈에 띄는 게 있죠?
아, 고양이도 마스크를 썼어요!

기 때문이라는 설도 있는데, 스페인 독감이 사라진 진짜 이유는 아직도 알지 못해요.

그럼 스페인 독감의 원인은 밝혀졌을까요? 1997년 미국 병리학 연구소의 연구원들이 진실에 다가갔어요. 여기서 퀴즈!

> **집단 면역**
> 감염됐다가 회복하며 면역을 갖거나 백신 접종 등을 이유로 공동체 대부분이 면역을 갖게 된 상태를 의미한다.

Q

1997년, 연구원들은 알래스카에서 스페인 독감의 원인이 된 바이러스를 찾았어요. 어떻게 찾았을까요?

알래스카에는 북극곰이 사니까, 북극곰이 도와준 거 아닐까?

북극곰 만나면 도망부터 가야 하는데, 말도 안 되지!

알래스카를 탐험하던 사람이 빙하에서 바이러스를 발견했나?

어…… 왠지 정답 같은데? 알래스카 빙하에 있던 동물 시체에서 바이러스를 추출했다?

시체는 맞아요. 그런데 어떤 시체였을까요?

동물 시체가 아니라면 사람의 시체?

정답! 연구원들은 알래스카를 탐험하다가 1997년 빙하 속에서 스페인 독감으로 숨진 사람의 시체를 발견했어요. 시체의 폐 조직을 채취해 보니 마침 잘 보존된 바이러스 조직이 있었던 거예요. 그 조직을 8년간 연구한 끝에 스페인 독감의 정체를 밝혀냈어요.

정체는 바로 조류 독감과 사람 독감이 섞인 변종 바이러스였어요. 스페인 독감은 조류 독감의 후예였던 것이지요.

스페인 독감의 후예, 신종 플루

스페인 독감의 유행이 1920년에 막을 내리고, 독감의 원인이 뒤늦게 밝혀지면서 스페인 독감은 역사 속으로 사라진 듯했어요. 그런데 놀랍게도 사라진 스페인 독감이 2009년에 부활했어요. 새로운 독감을 뜻하는 '신종 플루'라는 이름으로요.

스페인 독감과 신종 플루, 두 전염병을 일으킨 바이러스는 모두 'H1N1'이라는 바이러스였어요. 그런데 신종 플루 때 이 바이러스는 스페인 독감을 일으켰을 때와 좀 달랐어요. 같은 바이러스이긴 한데 완벽하게 같지는 않았던 거예요.

여기서 잠시 바이러스의 세계로 들어가 볼까요? 바이러스는 두 종류가 있어요. 하나는 이중가닥으로 된 DNA 바이러스, 또

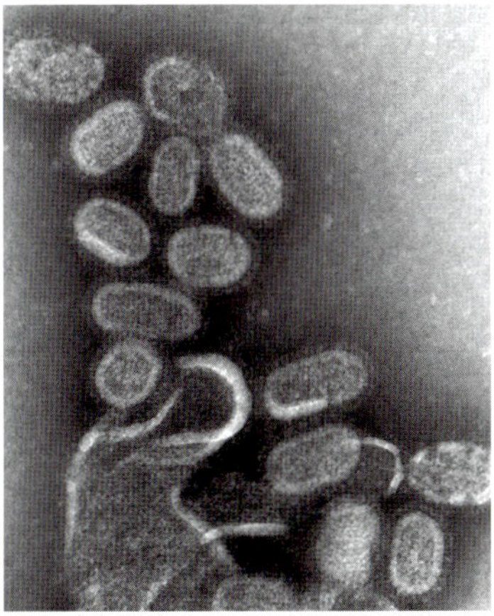

스페인 독감 바이러스 ↑

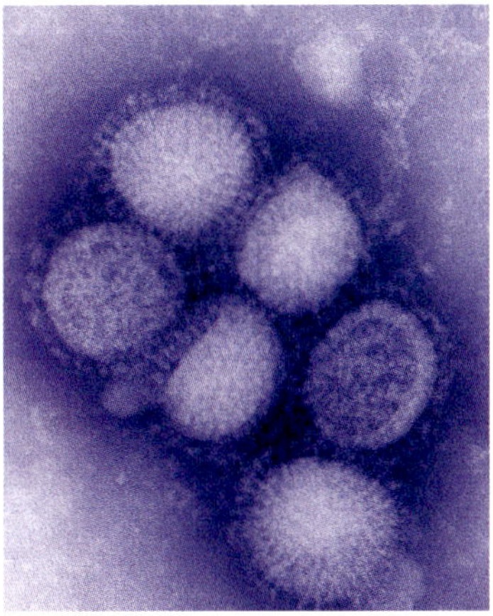

신종 플루 바이러스 ↑

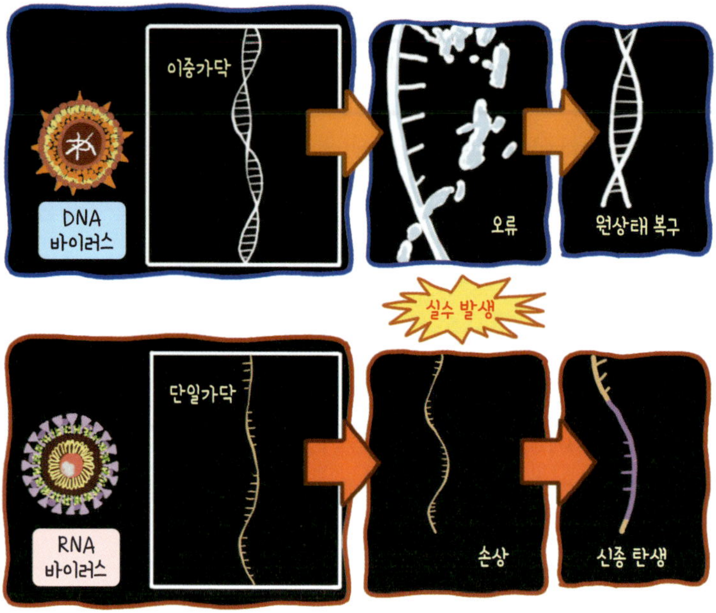

↑ 바이러스의 종류와 특징

하나는 단일가닥으로 된 RNA 바이러스예요.

바이러스들은 복제를 통해 증식하는데, 가끔 실수가 나기도 해요. DNA 바이러스의 경우, 실수가 나면 바로바로 교정해서 원래 상태를 유지해요. 그런데 RNA 바이러스는 교정을 못 해서 변이가 일어나요. 신종 바이러스가 생겨나는 것이지요. 스페인 독감의 H1N1 바이러스가 RNA 바이러스였고, 변이를 일으켜 신종 플루로 다시 나타났던 거예요.

바이러스는 표면에 헤마글루티닌이라는 돌기가 있어요. 이

돌기는 바이러스가 우리 몸에 침투하기 위한 열쇠 역할을 해요. 열쇠를 넣어 문을 여는 것처럼 돌기를 접촉해 몸속으로 침투하는 거죠.

RNA 바이러스는 몸속에 들어가 증식하는 과정에서 마구 섞여요. 그러면서 돌연변이, 즉 새로운 바이러스가 생겨나요. 우리가 매년 독감 예방 주사를 맞아야 하는 이유가 여기에 있어요. 매년 유행하는 독감이 다르기 때문에 새로운

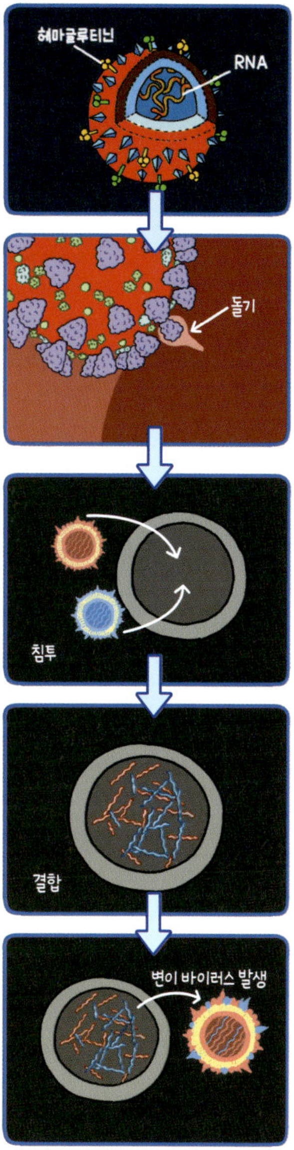

바이러스의 변이 과정 ↑

예방 주사를 맞는 거죠. 그런데 이건 어디까지나 과학자들이 예측해 만든 것이라 완벽하게 예방되지는 않아요. 바이러스가 어떤 변이를 일으킬지 정확히 예상할 수는 없으니까요. 독감 주사를 맞아도 간혹 독감에 걸리는 경우가 생기는 이유지요.

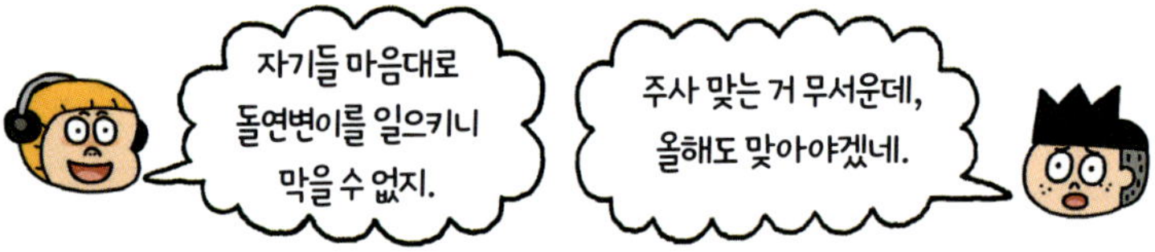

신종 플루와 인수 공통 감염병

다시 신종 플루 얘기로 돌아가 볼게요. 신종 플루는 스페인 독감을 일으킨 H1N1 바이러스가 변이해 나타났다고 했죠? 그렇다면 신종 플루도 스페인 독감처럼 조류 독감에서 왔을까요? 놀랍게도 조류가 아닌 돼지의 독감 바이러스였어요. 그래서 신종 플루라는 이름을 갖기 전에는 '돼지 독감'이라고 불렸지요.

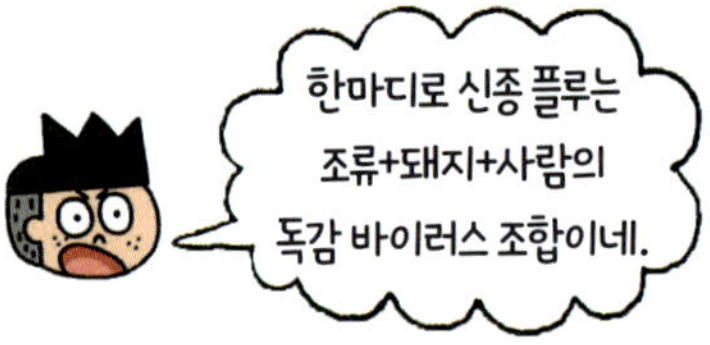

원래 바이러스도 조류는 조류끼리, 사람은 사람끼리 맞는 법이에요. 그런데 희한하게도 돼지는 조류

도 사람도 잘 받아들이는 특성을 지녔어요. 이런 특성을 가진 돼지 몸에서 조류 독감과 사람 독감의 바이러스가 섞이면서 인간에게 전염될 수 있는 새로운 바이러스가 탄생했지요. 바로 신종 플루였어요.

신종 플루 바이러스는 여러 유전자가 섞인 변종이었던 탓인지 매우 전염성이 강했어요. 2009년 멕시코에서 유행이 시작된 뒤 순식간에 전 세계로 전파되어 최소 15만 1,700명에서 최대 57만 5,400명의 목숨을 빼앗아 갔어요. 그래서 신종 플루는 21세기 첫 번째 세계적 대유행, 즉 팬데믹으로 기록되었어요.

스페인 독감과 신종 플루는 공통점이 있어요. 둘 다 사람과 동물이 같이 전염되는 인수 공통 감염병이라는 점이에요. '인수'는 사람 인(人), 짐승 수(獸)의 한자를 합쳐 만든 말로, 인수 공통 감염병은 주로 동물의 병원체가 인간에게 건너와 생기는 병을 말해요.

사람과 동물은 종이 달라요. 사람과 동물 사이에는 종간 장벽•이 있어서 동물의 질병이 사람에게 넘어오는 건 쉬운 일이 아니에요. 그런데 인수 공통 감염병은 종간 장벽을 뛰어넘기 때문에 위험해요.

종간 장벽
세균, 기생충, 바이러스 등이 한 종의 숙주에서 다른 종의 숙주로 감염되는 것을 막는 다양한 자연 원리를 일컫는다.

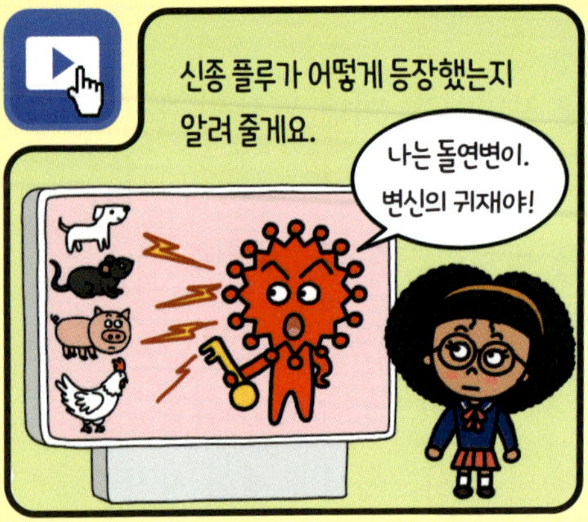
신종 플루가 어떻게 등장했는지
알려 줄게요.
나는 돌연변이. 변신의 귀재야!

조류 독감 바이러스는 조류끼리 감염되는
바이러스예요. 조류와 사람 간 전파는 거의
일어나지 않지요.
열쇠가 안 맞네.

보통 동물들은 종간 장벽이 있어서 다른 종의
독감은 전파되지 않아요. 그런데 좀 특별한
동물이 있어요.
내가 특별해?

돼지는 특이하게 조류와 사람의 바이러스에
모두 감염될 수 있어요.
돼지로 넘어가자!
돼지쯤이야!

돼지의 몸에서 조류와 사람의 독감
바이러스가 섞여서 새로운 독감 바이러스가
만들어진 거예요.
합체
난 사람 독감!
난 조류 독감!

돼지의 몸에서 새로 탄생한 바이러스는
사람에게 전파될 수 있는 특징이 있었어요.
이게 신종 플루였어요.
우리는 사람을 감염시킬 수 있어!

동물 몸속의 바이러스가 사람에게 전파될 경우, 돌연변이가 생겨 치명적인 질병으로 변할 가능성이 높아져요. 돌연변이 때문에 이전에 없던 바이러스가 새로 만들어지면 우리 몸에는 여기에 대항할 면역력이 없어요. 전염병이 집단으로 일어날 가능성도 커지게 되지요.

게다가 바이러스는 살아 있는 동식물의 세포를 숙주로 삼는데, 바이러스에게 가장 좋은 숙주는 사람이에요. 평균 수명이 긴 데다 전 세계 인구가 80억 명에 달할 정도로 많기 때문이지요.

어떤 동물의 몸속에 얼마나 많은 바이러스가 살고 있고, 앞으로 또 어떤 바이러스가 생겨날지 예측하기 어려워요. 우리가 주목할 부분은 최근에 발생하는 전염병 중 75퍼센트 이상이 인수 공통 감염병이라는 점이에요. 그렇다면 21세기 인류를 위협한 인수 공통 감염병은 무엇일까요? 다음 여행지에서 추적해 보아요.

HISTORY AIRLINE

Boarding Pass

2부
21세기의 새로운 전염병

❶ 새로 등장한 인수 공통 감염병

❷ 코로나바이러스의 출현

FROM S.KOREA TO DR CONGO

세계사

- 1958년 엠폭스 바이러스 발견
- 1976년 에볼라 바이러스 발견
- 2002년 사스 유행

한국사

- 1960년 4·19 혁명
- 1961년 5·16 군사정변

21세기에도 새로운 전염병은 속속 등장해 지구촌을 불안과 공포에 빠뜨렸어요. 새로 등장한 전염병은 동물에게 있던 바이러스가 인간에게 옮겨와 나타나는 '인수 공통 감염병'이라는 공통점을 갖고 있어요. 전 세계를 위협하는 인수 공통 감염병의 정체는 무엇일까요? 또 우리는 전염병 시대를 어떻게 극복해 나가야 할까요? 인수 공통 감염병의 역사를 통해 그 해답을 찾아가 보아요.

국가명	콩고 민주 공화국
수도	킨샤사
민족	반투족(50% 이상) 등 250여 개 민족
먹을거리	카사바, 옥수수, 리보케, 뫔베, 콰가
종교	가톨릭교(50%), 개신교(20%), 킴반기스트(10%), 이슬람교(10%), 토착 신앙 등 기타(10%)
언어	프랑스어(공용어), 링갈라어, 스와힐리어, 키콩고어, 찔루바어

- **2009년** 신종 플루 유행
- **2012년** 메르스 발생
- **2019년** 코로나19 발생
- **2020년** 코로나19 팬데믹 선언
- **2020년** 코로나19 첫 확진자 발생
- **2021년** 코로나19 예방 접종 시작
- **2022년** 엠폭스 국제적 공중 보건 비상사태 선언

새로 등장한 인수 공통 감염병

여러분, 히스토리 에어라인이 아프리카 콩고 민주 공화국에 도착했어요. 아프리카 중앙에 위치한 콩고는 푸른 지구의 마지막 유산이라고 불릴 정도로 광활한 대자연을 그대로 간직하고 있어요.

아프리카 최대 열대 우림 보호 구역인 살롱가 국립 공원, 아프리카 최초 국립 공원이자 멸종 위기종 마운틴고릴라의 서식지인 비룽가 국립 공원도 콩고에 있어요. 사슴과 얼룩말을 닮은 희귀 동물인 오카피도 콩고에만 서식하고 있지요.

자연과 다양한 동물이 공존하는 지상 낙원 콩고에서 무시무시한 인수 공통 감염병이 등장했어요. 2014년에 전 세계를 죽음의 공포 속으로 몰아넣은 에볼라 바이러스예요.

죽음의 바이러스, 에볼라의 시작

에볼라는 2014년 유행하기 시작해 약 2년간 전 세계에서 11,000여 명의 목숨을 앗아간 전염병이에요. 이 숫자는 약 100년 전 퍼졌던 스페인 독감으로 5천만 명이 숨진 데 비하면 적은 수라고 할 수도 있어요. 하지만 전 세계인에게 에볼라 바이러스는 '죽음의 바이러스'로 기억되고 있어요. 무엇 때문에 이런 악명을 갖게 되었을까요? 바로 무려 90퍼센트에 달하는 치사율 때문이에요.

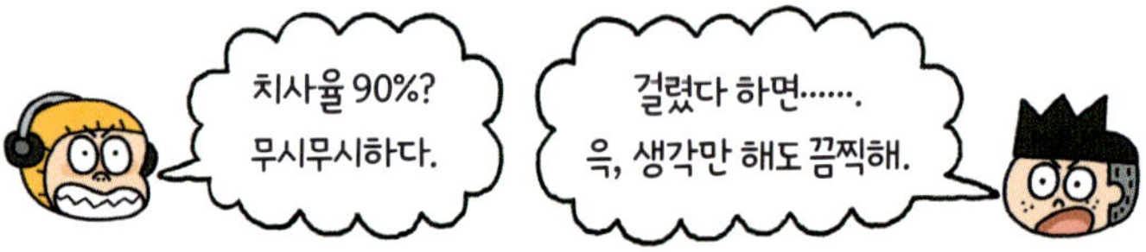

먼저 에볼라 바이러스에 감염되면 어떤 증상이 나타나는지부터 살펴볼게요. 에볼라 바이러스에 감염되면 보통 5~7일간의 증상이 없는 잠복기를 거친 후 증상이 나타나요.

음식물을 삼킬 때 목이 따갑고, 머리가 아프며 몸이 쑤시고 아프기 시작해요. 그러다 열이 나고 구토와 심한 설사를 해요. 와중에 가슴을 콕콕 찌르는 듯한 통증, 숨쉬기가 어려운 호흡곤란까지 와요. 이 과정에서 혈압이 떨어지고 의식이 희미해져 혼수상태에 빠져요.

그리고 혼수상태에서 끝내 회복하지 못하면 귓구멍, 콧구멍, 입 등 몸의 모든 구멍에서 피를 쏟으면서 죽게 돼요. 물론 모든 감염 확진자들이 이렇게 충격적인 모습으로 죽는 건 아니에요. 하지만 90퍼센트라는 높은 치사율은 '죽음의 바이러스'라는 공포스러운 이름을 얻기 충분했지요.

에볼라는 언제 어떻게 시작됐을까요? 때는 1976년, 콩고 민주 공화국의 작은 마을 얌부쿠에서 시작되었어요. 이 마을에는 의사 없이 벨기에에서 온 수녀 간호사들이 운영하는 선교

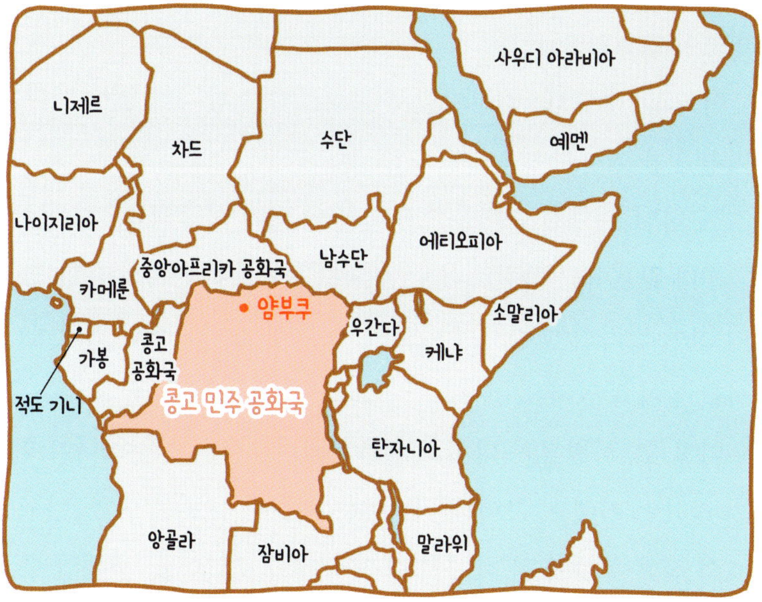

에볼라 최초 발병지 얌부쿠 ↑

병원이 있었어요.

어느 날, 마흔네 살의 마발로 로켈로라는 남자가 열이 난다며 병원을 찾아왔어요.

"수녀님, 여행을 다녀온 후부터 열이 나기 시작해요."

수녀 간호사는 마발로의 증상을 보고 아프리카에서 흔한 병이었던 '말라리아'라고 생각했어요. 그래서 치료제인 퀴닌 주사를 놓아 주었지요.

며칠 후, 마발로가 다시 병원을 찾아왔어요. 증상이 나아지지 않았던 거예요. 그런데 이번에는 체온이 38도를 넘었고, 구토와 심한 설사를 한 나머지 탈수 증세를 보였어요. 몸속의 수

분이 다 빠져나가 입이 바싹 마르고 피부는 푸석푸석해졌지요. 눈은 퀭했고요. 이뿐만 아니라, 코와 잇몸에선 피까지 흘러나왔어요. 난생처음 보는 증상에 수녀 간호사들은 당황했어요. 수녀들은 항생제, 말라리아 약, 비타민, 수액 등 갖고 있는 모든 약을 써 봤지만 마발로는 숨을 거두고 말았어요.

얌부쿠 마을은 슬픔 속에서 마발로의 장례식을 치렀어요. 그런데 그 뒤로 충격적인 일이 벌어졌어요. 멀쩡했던 가족들이 마발로의 장례를 치른 뒤 연이어 숨진 거예요. 마발로와 같은 증상을 보이면서요. 가족들도 에볼라 바이러스에 감염된 것이었어요.

에볼라 바이러스의 사람 간 전파는 감염된 사람이나 감염으로 죽은 사람의 혈액, 혈액에 섞인 침, 땀이나 눈물 같은 분비물, 배설물 등과 직접적으로 접촉했을 때 감염돼요.

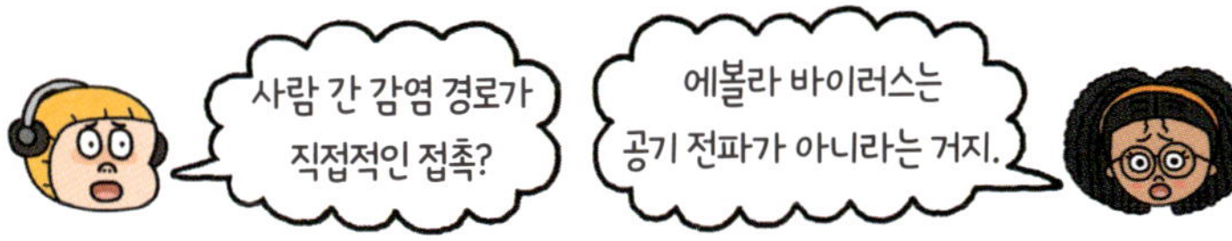

에볼라 바이러스는 코로나19나 스페인 독감처럼 공기 중에 떠도는 비말의 작은 입자를 통해 감염되는 게 아니란 얘기죠. 그런데 어떻게 해서 마발로의 가족들이 에볼라 바이러스에 감염되었던 걸까요? 여기서 퀴즈!

Q

마발로의 가족이 에볼라에 걸린 이유는 콩고 특유의 문화 때문이었어요. 과연 어떤 문화일까요?

여행을 갔다 오면 기념으로 잔치를 벌이는 문화가 있었던 거 아냐? 잔치 때 음식을 같이 먹다가 걸린 거지.

넌 뭐든 음식과 연결 짓는구나. 침이 닿은 음식을 먹어서 전파될 수는 있겠지만, 마발로가 아픈데 잔치를 했을까?

아, 그렇지. 그럼 음식 문화는 아니고 뭐지……?

인사 문화 아닐까? 탄자니아 마사이족은 서로 만나거나 헤어질 때 얼굴에 침을 뱉는 문화가 있어. 콩고에도 그런 문화가 있었던 거 아닐까? 침 접촉으로 감염된 거지.

얼굴에 침을? 너무 싫고, 더럽다.

아프리카는 물이 아주 귀하잖아. 침을 뱉는 건 그만큼 소중한 걸 나눈다는 의미래. 너무 안 좋게 보지 마.

맞아요. 다른 나라의 문화를 우리 기준으로만 평가해서는 안 돼요. 그런데 퀴즈가 너무 어렵나요? 힌트 줄게요. 가족들이 장례식을 위해 마발로에게 했던 접촉이에요.

장례식을 위해서? 아나엘, 아는 거 없어? 엄마 아빠의 나라가 콩고라고 했잖아.

아, 맞다! 아빠한테 들은 적 있어. 콩고에서는 가족 중에 한 분이 돌아가시면 남은 가족들이 시신의 몸속까지 깨끗하게 씻기는 장례 문화가 있대. 그게 돌아가신 분에 대한 사랑을 표현하는 거랬어. 이때 시신을 접촉하면서 감염됐나 봐.

정답! 가족들이 감염된 까닭은 바로 콩고 특유의 장례 문화 때문이었어요. 마발로의 아내와 어머니가 피를 토했던 마발로의 시신을 씻기고, 맨손으로 장 속의 음식과 배설물들을 제거했다고 해요. 그러면서 에볼라 바이러스에 감염된 것이지요.

마발로의 장례식 후 마발로의 어머니를 비롯해 스물한 명이 에볼라 바이러스에 감염됐고, 이 중 열여덟 명이 숨을 거뒀어요. 그런데 마발로와 그 가족의 죽음은 시작에 불과했어요. 곧 얌부쿠의 작은 병원에는 마발로와 비슷한 증상을 보이는 이들로 넘쳐났어요. 그중에는 환자를 돌보던 수녀들도 있었어요.

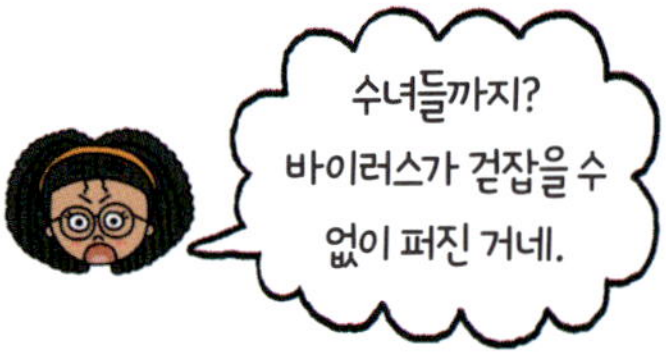

수녀들까지?
바이러스가 걷잡을 수 없이 퍼진 거네.

당황한 얌부쿠 병원의 수녀들은 다른 마을에 긴급하게 도움을 요청했어요. 곧 다른 지역에서 의사들이 왔는데, 이 의사들도 처음 보는 증상에 놀라기는 마찬가지였어요. 이들은 끔찍하고 처참한 상황을 정부에 알렸어요.

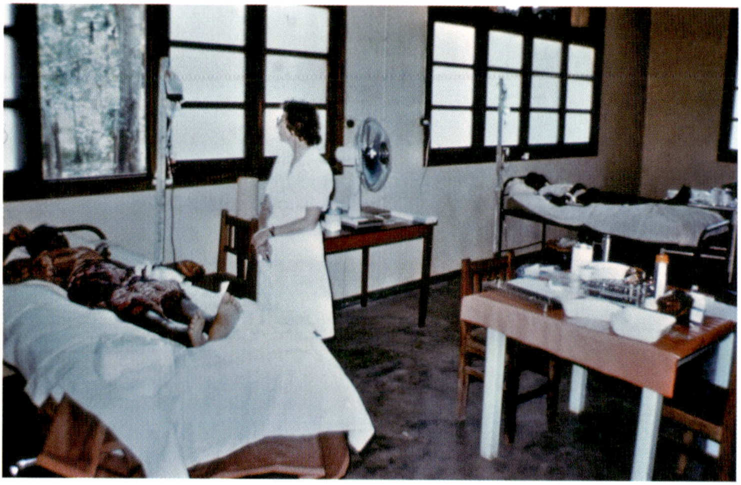

↑ 에볼라 환자들을 돌보는 수녀 간호사

의사들의 보고를 받은 정부는 얌부쿠에 전문가를 파견했어요. 전문가들은 감염된 환자와 이미 돌아가신 분들의 몸에서 시료를 채취해 본격적인 조사에 들어갔어요. 그리고 에볼라 바이러스 확산의 또 다른 원인을 찾아냈어요. 그것은 주사기였어요.

당시 얌부쿠의 병원에는 주사기가 다섯 대뿐이었어요. 이 주사기로 매일 수십에서 수백 명의 환자를 치료한 거예요. 주사기는 모자란데 환자가 너무 많이 찾아오니 돌려쓰는 일이 벌어졌지요. 원래대로라면 주사기를 불에 소독해서 써야 하지만, 당시는 위생 의식이 지금처럼 철저하지 않았어요. 그런 상황에서 고통스러워하는 환자가 너무 많으니 주사를 놓는 데 급급했던 거예요.

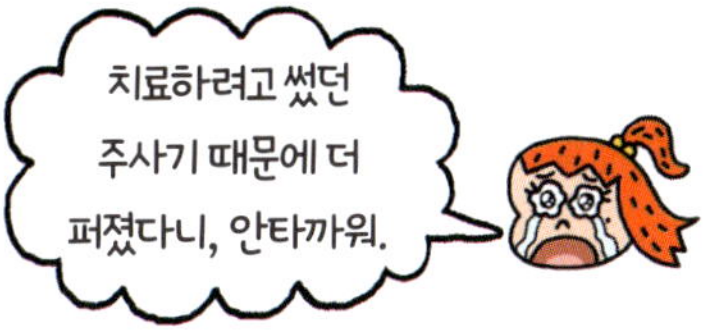
치료하려고 썼던
주사기 때문에 더
퍼졌다니, 안타까워.

이렇게 주사기를 소독도 하지 않은 채 돌려쓰면서 급속도로 에볼라 바이러스가 전파돼 1976년 첫 발병 후 콩고 민주 공화국에서 무려 318명이 감염되었어요. 그리고 그중 280명이 사망하는 결과를 낳았어요. 무려 90퍼센트에 가까운 치사율이에요.

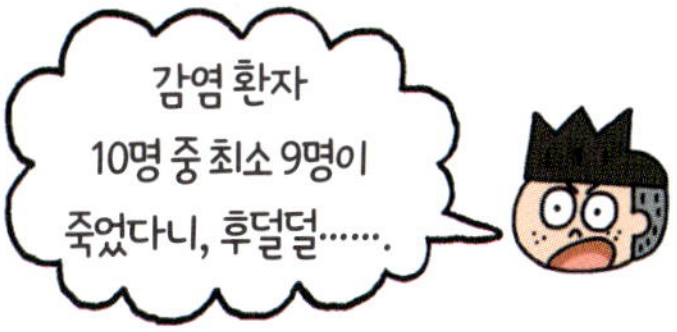
감염 환자
10명 중 최소 9명이
죽었다니, 후덜덜…….

콩고 민주 공화국 얌부쿠에서 에볼라 바이러스가 빠른 속도

↑ 얌부쿠에 파견된 조사단

로 전파되고 있다는 소식은 미국 질병 통제 예방 센터(CDC)와 스위스 제네바에 있는 세계 보건 기구(WHO)에도 전해졌어요. 그런데 또 원인 모를 전염병이 수단에 돌고 있다는 보고가 세계 보건 기구에 들어왔어요. 수단은 콩고 민주 공화국과 국경을 맞댄 이웃 나라죠.

수단에서 발생한 전염병의 최초 환자는 은자라라는 지역의 한 공장에서 일하던 남자였어요. 남자는 고열과 가슴 통증을 호소하더니 피가 나오는 설사와 함께 입과 코에서 많은 피를 흘리며 숨졌어요. 마발로가 보였던 증상과 거의 비슷했지요.

세계 보건 기구는 긴급하게 수단에 연락해 전염병 환자들에게서 시료를 채취해 보내 달라고 했어요. 전문가들은 훗날 콩고 민주 공화국과 수단에서 채취한 시료를 연구한 끝에 이 바이러스가 과거에 없던 새로운 바이러스라고 결론을 내렸어요.

전문가들은 새로운 바이러스의 이름을 '에볼라 바이러스'라고 지었어요. 콩고 민주 공화국에서 처음으로 증상을 보인 환자가 발병 직전에 에볼라강을 여행한 것에서 따온 이름이에요. 이후에 강 이름에 발병 지역의 이름을 붙여 '에볼라-자이르', '에볼라-수단'이라고 각각 불렀지요. 자이르는 콩고 민주 공화국의 당시 국명이었어요.

그 뒤로 에볼라는 발병하지 않아 사라진 줄 알았어요. 그런데 수십 년이 지나 죽음의 바이러스, 에볼라 바이러스가 다시 등장했어요.

에볼라 바이러스의 재등장과 밝혀진 원인

1976년에 콩고 민주 공화국과 수단에서 발병했던 에볼라 바이러스가 다시 나타난 건 2014년이었어요. 서아프리카 기니를 중심으로 급속도로 퍼지기 시작한 에볼라는 시에라리온, 라이베리아, 나이지리아, 세네갈, 말리에서도 유행했어요. 2016년

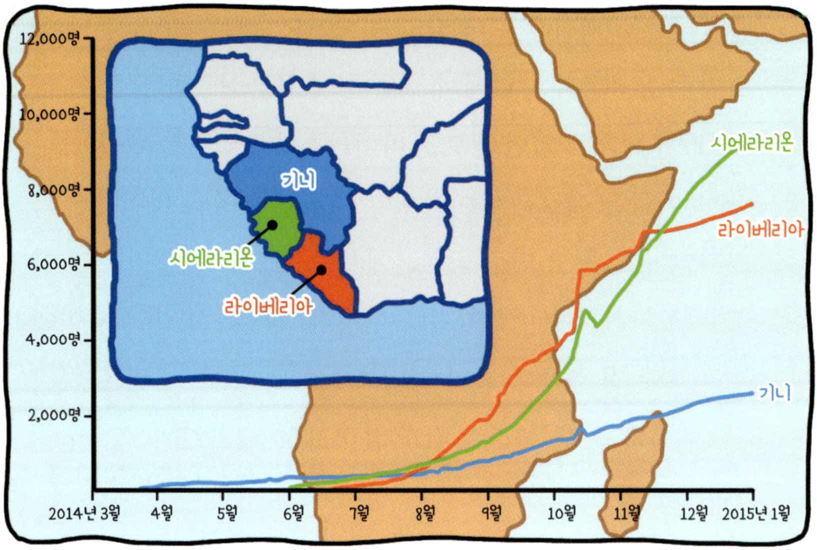

↑ 2014년~2015년 에볼라 확진자 추이

에 수습될 때까지 2만 8,646명이 에볼라 바이러스에 감염됐고, 이 가운데 1만 1,323명이 목숨을 잃었어요.

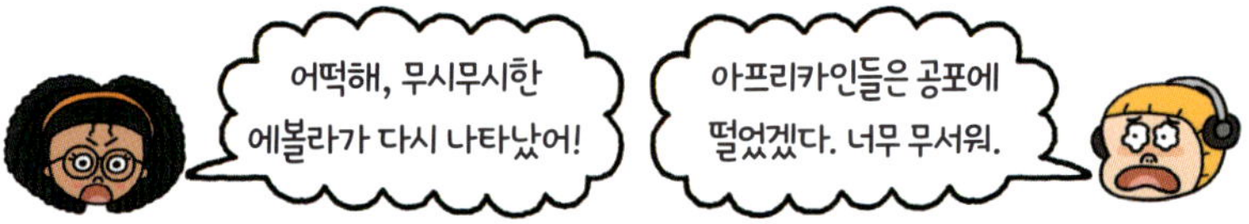

재등장한 에볼라 바이러스는 1976년 나타났던 '에볼라-자이르'의 변종인 것으로 확인됐어요. 돌연변이를 잘 일으키는 바이러스는 RNA 바이러스라고 했던 것 기억하죠? 2014년에 나타난 에볼라 바이러스도 RNA 바이러스였어요. 그런데 이렇게 얼굴을 바꿔 부활한 에볼라는 이전과 다른 양상을 보였어요. 아프리카에서 걸리는 풍토병으로 인식됐던 에볼라가 미국, 영국, 에스파냐, 이탈리아까지 전파된 거예요.

2014년에 나타난 에볼라는 왜 과거와 달리 전 세계로 확산되었을까요? 그 이유는 교통이 발달했기 때문이에요. 비행기, 선박 등을 타고 다른 나라를 여행하거나 일하러 가는 사람들이 많아졌지요. 나라 간 이동이 자유로워지면서 에볼라 바이러스는 서아프리카를 넘어 전 세계로 퍼졌어요. 그러자 세계 보건 기구는 에볼라의 확산을 막기 위해 2014년 8월 비상사태

를 선포했어요.

에볼라 바이러스에 감염된 환자들이 아프리카 외 나라에도 잇따라 나오자 사람들은 공포에 휩싸였어요. 끔찍하고 참혹하게 죽는다는 사실, 감염되면 열에 아홉은 죽는다는 사실이 알려지면서 공포감이 커졌죠.

특히 미국은 에볼라에 대한 공포심이 극심했어요. 2014년 9월 말 처음으로 미국 내에서 에볼라 바이러스 확진 판정을 받은 환자가 9일 만에 숨지자 공포감은 걷잡을 수 없이 퍼졌어요. 공포를 뜻하는 영어 단어 피어(Fear)와 에볼라(Ebola)를 합친 '피어볼라(Fearbola)'라는 단어가 만들어질 정도였지요.

언론은 에볼라 바이러스 감염이 확진되거나 의심되는 환자가 나타날 때마다

대문짝만하게 소식을 알렸어요. 바다 건너 일인 줄 알았던 일이 미국 땅에서 벌어지자 국민들은 충격에 빠졌어요.

미국인들은 에볼라 바이러스에 감염될까 봐 무서웠어요. 누군가 조금이라도 의심 증상을 보이거나 아프리카에 다녀왔다고 하면 그 사람 근처에는 가고 싶어 하지 않았어요. 급기야 아프리카 여행을 금지해야 한다며 시위하는 사람들도 생겨났어요. 덩달아 정치인들은 에볼라가 발병한 국가의 국민이거나 그곳을 여행하고 온 미국 국적이 아닌 사람에 대해서는 비자 발급을 중단해야 한다고 주장했지요.

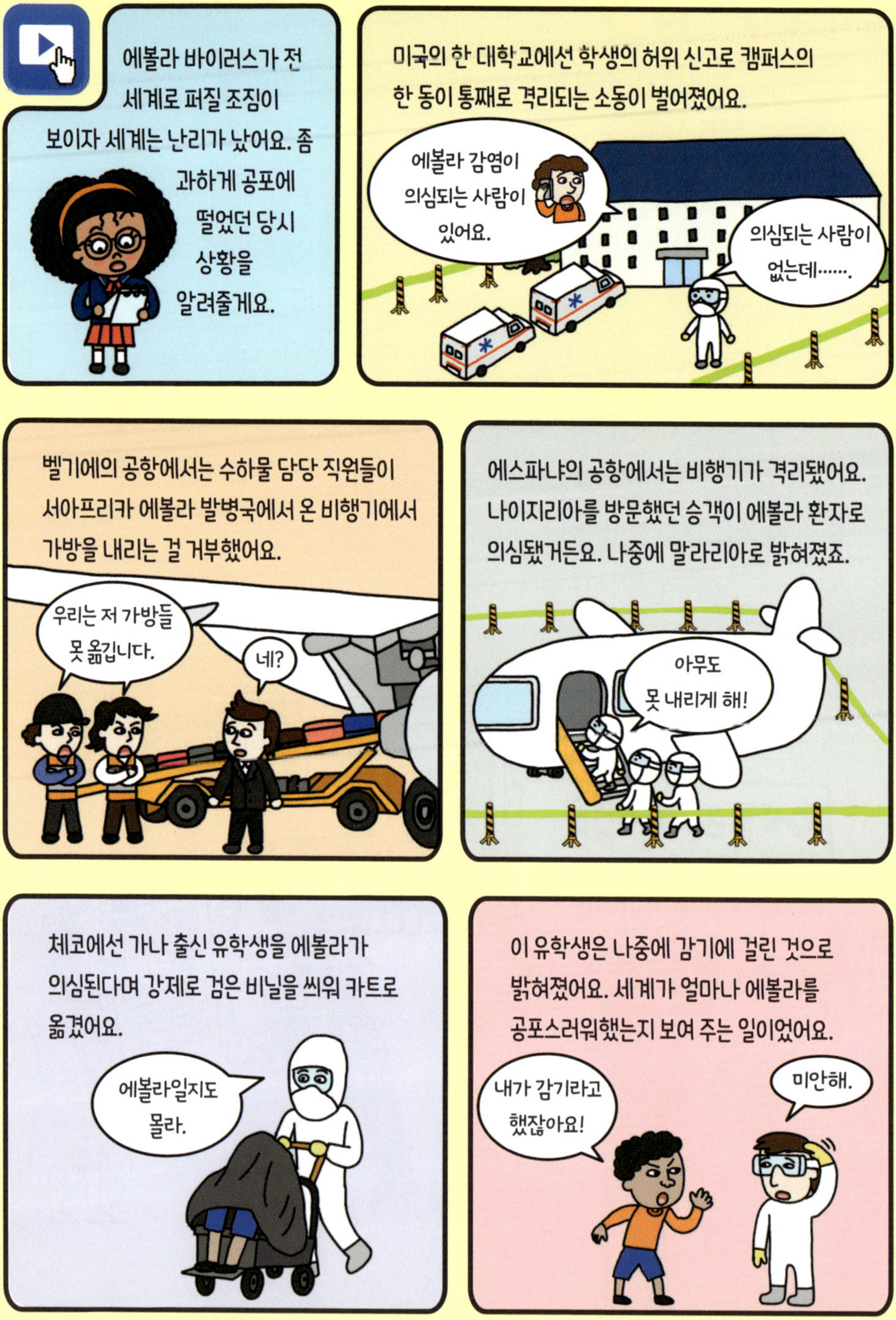

에볼라 바이러스가 전 세계로 퍼질 조짐이 보이자 세계는 난리가 났어요. 좀 과하게 공포에 떨었던 당시 상황을 알려줄게요.
미국의 한 대학교에선 학생의 허위 신고로 캠퍼스의 한 동이 통째로 격리되는 소동이 벌어졌어요.
에볼라 감염이 의심되는 사람이 있어요.
의심되는 사람이 없는데…….
벨기에의 공항에서는 수하물 담당 직원들이 서아프리카 에볼라 발병국에서 온 비행기에서 가방을 내리는 걸 거부했어요.
우리는 저 가방들 못 옮깁니다.
네?
에스파냐의 공항에서는 비행기가 격리됐어요. 나이지리아를 방문했던 승객이 에볼라 환자로 의심됐거든요. 나중에 말라리아로 밝혀졌죠.
아무도 못 내리게 해!
체코에선 가나 출신 유학생을 에볼라가 의심된다며 강제로 검은 비닐을 씌워 카트로 옮겼어요.
에볼라일지도 몰라.
이 유학생은 나중에 감기에 걸린 것으로 밝혀졌어요. 세계가 얼마나 에볼라를 공포스러워했는지 보여 주는 일이었어요.
내가 감기라고 했잖아요!
미안해.

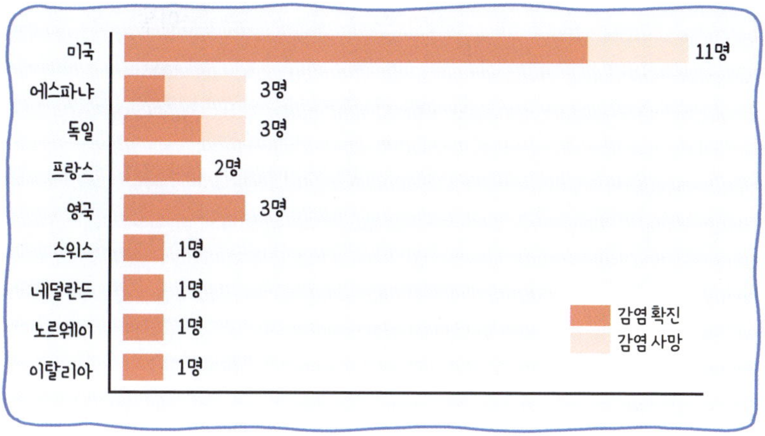

2014년 아프리카 외 국가별 에볼라 환자 수

미국에서는 에볼라에 대한 공포가 얼마나 컸던지 방역 조치가 과하다 싶을 정도로 이뤄졌어요. 사람들도 누군가 조금만 감염 의심 증상을 보이면 신고를 했어요. 그래서 첫 확진자가 나온 뒤 일주일 동안 100여 건에 가까운 의심 신고가 접수됐죠.

이렇게 수많은 신고가 있었지만, 사실 미국에서 발생한 에볼라 확진자는 2014년부터 2015년까지 다 합하여 열한 명이에요. 실제로 미국 내에서 감염된 사람은 두 명뿐이고, 나머지는 미국 밖에서 이미 감염되어 들어온 사람들이었어요. 이 중에서 목숨을 잃은 사람은 두 명이었고요. 실제 일어난 에볼라

바이러스 감염 사례에 비해 사람들이 지나치게 공포감을 느꼈던 거예요.

당시 미국에 널리 퍼진 에볼라에 대한 지나친 공포심을 풍자한 만평도 나왔어요. 만평을 보면, 사람들이 '저 소녀를 격리해라!' 하고 외치고, 소녀가 '저는 도서관에 간 거라고요!'라고 말해도 방역 요원들이 아랑곳하지 않고 끌고 가요. 소녀가 말한 도서관의 '라이브러리(library)'가 에볼라 바이러스 발병국인 라이베리아와 발음이 비슷해서 사람들이 오해를 하고 신고했던 거지요. 사람들이 에볼라에 대해 얼마나 겁을 먹고 있었

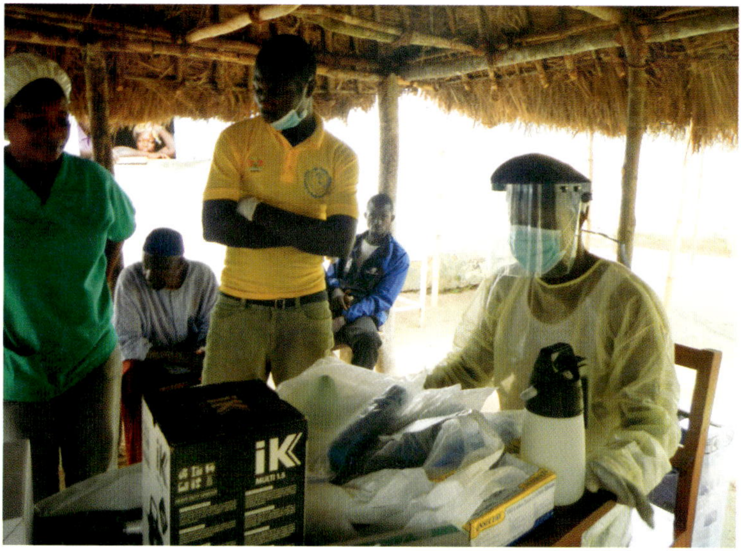

서아프리카에 파견되어 활동하는 의료진들 ↑

는지 보여 주는 그림이었어요.

세계 보건 기구는 에볼라 확산을 막기 위해 2014년 8월 비상 사태를 선포했어요. 그리고 2005년 마련된 국제 보건 규칙에 따라 각국에 발병 지역 여행을 자제하라는 권고가 내려졌어요. 에볼라 발병 국가에서는 임시 공휴일이 선포되고 긴급 방역 조치가 이루어졌어요.

국제 연합도 군대를 파견해 에볼라 발병지를 강력하게 통제했어요. 그 결과, 2016년 6월 서아프리카의 에볼라 바이러스 종식이 선언되었답니다.

에볼라 바이러스 감염의 원인

에볼라 바이러스는 어떤 동물로부터 전파된 걸까요? 전문가들은 에볼라 발병의 원인을 밝혀내기 위해 오랫동안 연구에 매달렸어요. 그 결과로 서아프리카에 서식하는 박쥐가 지목되었어요.

아프리카는 밀림이 우거져 있어서 많은 박쥐가 살고 있어요. 그중에서도 에볼라 바이러스를 옮긴 것으로 가장 유력한 박쥐는 과일박쥐였어요. 과일박쥐의 몸속에서 에볼라 바이러스가 검출되었거든요.

얼굴이 여우와 비슷하게 생겨서 날여우라고 불리기도 하는 과일박쥐는 이름처럼 주로 과일을

먹고 살아요. 그래서인지 몸에서 과일 향이 난다고 해요. 에볼라가 유행했던 당시, 서아프리카 시골에서는 이렇게 과일 향이 나는 과일박쥐를 요리해 먹는 전통이 있었어요. 요리를 하려면 손질을 해야 하겠죠? 전문가들은 그 과정에서 혈액을 접촉해서 과일박쥐의 바이러스가 사람에게 전파됐을 것으로 추정했어요.

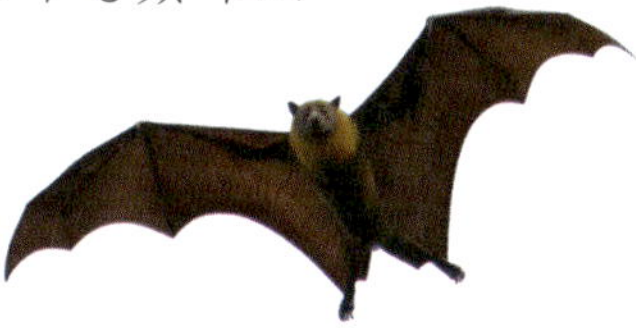

생각보다 귀엽게 생겼어.
야생 동물 만지면 안 된다니까!

에볼라 바이러스 감염 경로

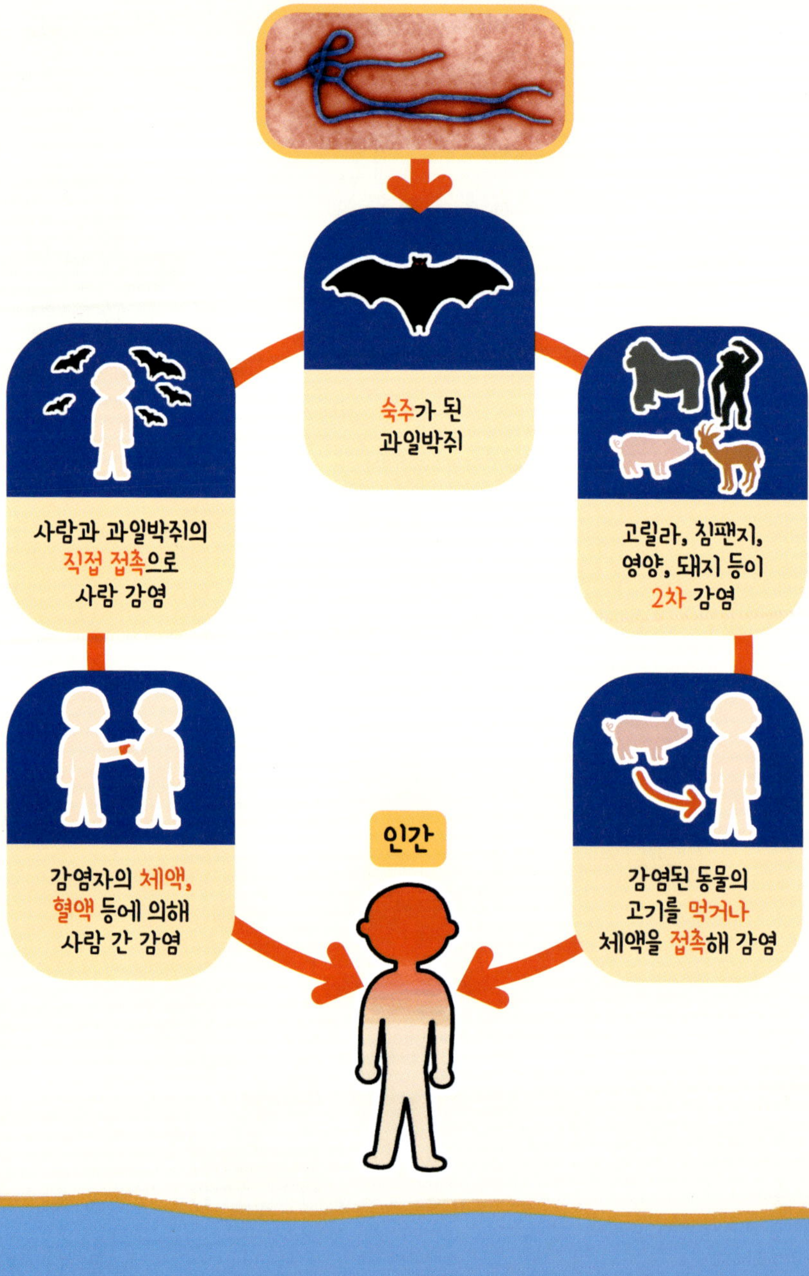

에볼라 바이러스를 전파한 동물로 과일박쥐를 지목하고 연구를 하고 있지만, 아직도 치료제가 나오지 않았어요. 다행히도 에볼라는 과일박쥐와 직접적으로 접촉하지만 않으면 예방할 수 있어요. 그런데 콩고 민주 공화국에서는 2022년에도 에볼라로 사망한 사람이 발생했단 소식이 전해졌어요! 지금까지도 에볼라 바이러스의 위험성이 사라진 건 아니란 얘기지요.

인수 공통 감염병은 언제든 바이러스 변이를 통해 다시 나타날 수 있어요. 바이러스를 완벽하게 정복한다는 건 거의 불가능하다고 할 수 있어요.

최근 팬데믹을 일으킨 인수 공통 감염병도 에볼라만큼이나 무서운 바이러스가 원인이었어요. 여러분도 잘 알고 있는 코로나바이러스예요. 사실 코로나바이러스는 100여 년 전부터 존재했던 바이러스예요. 그런데 왜 21세기 들어 우리를 위협하는 위험한 바이러스가 되었을까요? 그 이야기는 다음 장소로 가서 시작해 볼게요.

2장

코로나바이러스의 출현

여러분, 우리는 이제 중국 광둥성 포산에 왔어요. 지금 온 곳은 포산 양원이라는 정원으로, 광둥성에 있는 정원 가운데 아름답기로 손꼽히는 곳이랍니다. 포산에서 시인, 서예가, 화가 등으로 이름을 떨쳤던 양씨 가문이 1796년에서 1850년까지 50여년에 걸쳐 만든 정원이라고 하지요. 예술가 집안에서 만든 만큼 우아하고, 정취가 있으며 그림같이 아름다운 풍경을 이룬다고 해요.

포산은 광둥성의 주도이자 중국에서 세 번째로 큰 도시인 광저우에서 남서쪽으로 16킬로미터 지점에 있는 도시예요. 한자로 하면 '불산'으로, 무술에 관심 있거나 좋아하는 사람들에게는 '무술의 고향'으로 여겨지는 곳이에요. 중국의 전설적인 무술인인 황비홍이 나고 자란 고향이거든요.

포산은 고대부터 중국 남해 무역의 중심지로서 발전해 이슬람교도와 유대인이 이곳에 들어와 거래했다고 해요. 포산에서 가장 유명한 건 도자기예요. 10세기 송 시대부터 도자기 산지로 이름을 떨친 것이 오늘날까지 이

황비홍 기념관에 있는 황비홍 조각상 →

靈應

↑ 명 시대에 지어진 사원인 포산 조묘

어지고 있다고 해요. 도자기 말고도 직물, 종이, 도검 등을 만드는 제조업도 발달했지요.

역사가 깊은 무술과 도자기의 도시, 포산에 우리가 온 까닭은 이곳에서 인수 공통 감염병이 발생했기 때문이에요. 어떤 병이었는지 지금부터 벌거벗겨 볼게요.

무술의 고향,
포산에서 전염병?
전염병은 무술로도
막지 못하지.

인수 공통 감염병을 일으킨 코로나바이러스

최근 대규모로 유행하는 인수 공통 감염병들은 공통적으로 코로나바이러스가 원인이었어요. 코로나바이러스는 세균보다 작아서 전자 현미경으로 봐야 하는데, 모양이 태양의 코로나 현상•과 비슷하게 보여요. 그래서 코로나바이러스라는 이름이 붙었지요.

코로나 현상
태양 대기의 가장 바깥층이 하얗게 빛을 발하는 현상으로, 개기 일식 때 볼 수 있다.

코로나바이러스가 처음 발견된 것은 100년 전, 조류에게서였어요. 100년 전에 발견됐지만, 사람들의 관심 밖이었던 까닭은 코로나바이러스가 주로 소나 돼지, 닭, 개, 고양이에게만 치명적이었기 때문이에요.

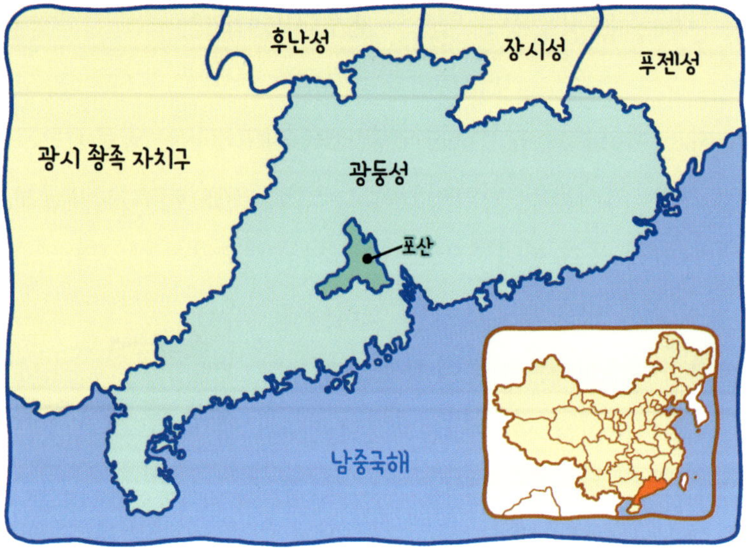

↑ 중국 광둥성 포산

코로나바이러스가 사람에게 전파되는 일이 1960년대 중반에 발생했어요. 그런데 그때도 큰 관심이 없었어요. 그저 가벼운 코감기나 설사 정도의 증상만 나타나서 큰 문제가 되지 않았던 거지요.

그러다 2002년에 심각한 사건이 벌어졌어요. 코로나바이러스에 감염된 사람이 목숨을 잃은 거예요. 그동안 동물에게만 치명적인 것으로 알려졌던 코로나바이러스가 사람에게도 치명적일 수 있다는 사실이 처음으로 확인된 거예요.

코로나바이러스의 첫 번째 습격, 사스

2002년 11월 16일, 포산에서 지방 공무원으로 일하는 한 남자가 고열과 함께 호흡 곤란 증세를 보이며 쓰러졌어요. 그리고 이 남자의 아내와 병문안을 왔던 친척이 잇따라 비슷한 증상을 보이며 쓰러졌죠. 포산에서 쓰러진 이 남자가 역학 조사상 코로나바이러스로 인한 전염병의 첫 번째 발병자로 추정되는 인물이에요. 이후 비슷한 증상을 보이는 환자가 계속 늘어났는데, 폭발적으로 늘어나게 되는 사건이 이듬해에 일어났어요.

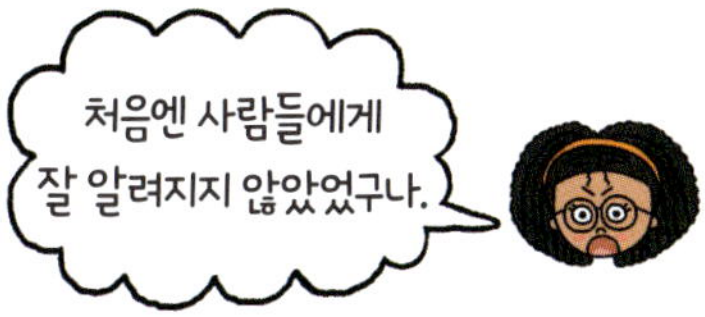

2003년 1월 30일, 수산물 시장에서 일하던 조우 쥐펑이 심한 기침과 가래로 병원에 호송되었어요. 그는 며칠간 병원에서 치료를 받았지만 병세가 나아지지 않았어요. 그런데 그사이 최소 70명에게 병이 전염되고 말았어요. 조우 쥐펑처럼 한 사람이 많은 사람에게 바이러스를 전파한 경우 슈퍼 전파자•라고 불러요.

슈퍼 전파자
다수의 개인에게 질병을 퍼뜨리는 사람. 최근에는 '슈퍼 전파 사건'이라는 명칭이 더 권장되고 있다.

조우 쥐펑이 순식간에 수십 명에게 전파한 이 전염병의 정체는 '중증 급성 호흡기 증후군'이었어요. 사스-코로나바이러스에 감염되어서 일어난 병으로, 흔히 '사스'라고 부르지요.

사스는 일반적으로 이틀에서 열흘 정도의 잠복기를 거친 후, 38도 이상의 고열과 함께 두통, 근육통이 오고 온몸에 힘이 빠지는 증상이 나타나요. 그러다 기침이 심해지고, 상태가 악화되면 호흡이 어려워져 죽을 수도 있어요.

사스는 주로 기침이나 재채기를 할 때 나오는 비말을 통해 공기 중 전파되는데 전염력이 매우 강해요. 슈퍼 전파자인 조우 쥐펑으로부터 시작된 감염은 중국 광둥성에서 한 달도 안 돼 빠르게 세계로 전파됐어요.

↑ 환기구와 배기구로 퍼진 바이러스

조우 쥐펑을 진료했던 의사 리우지안룽도 사스에 걸렸어요. 왜 의사가 사스에 걸렸냐고요? 당시는 조우 쥐펑이 걸린 병이 무엇인지 밝혀지지 않았을 때예요. 리우지안룽은 폐 전문의였지만, 조우 쥐펑이 독감과 비슷한 의문의 병을 앓는다고만 생각했죠. 그렇게 리우지안룽은 자신이 사스에

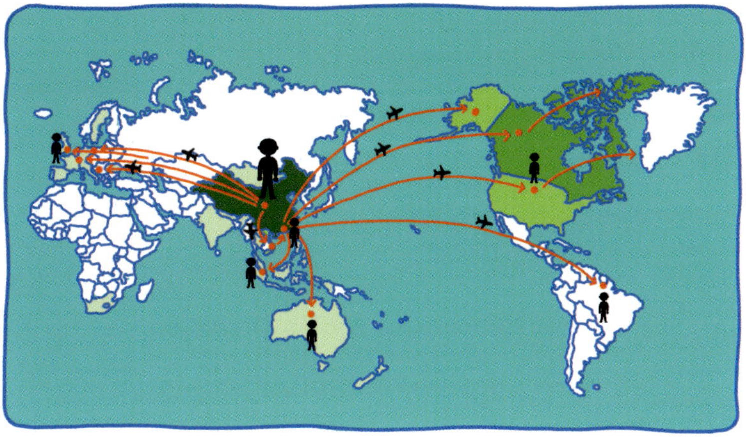

사스의 전파 양상 ↑

걸린 줄 모르고 친척 결혼식에 참석하기 위해 홍콩에 갔어요.

리우지안룽이 홍콩의 한 호텔에 묵고 있는데, 열이 나기 시작하더니 기침까지 나왔어요. 잠복기가 끝나고 증상이 시작된 거예요. 또 구토 증상도 있어 화장실 변기에 토를 했지요. 그러면서 사스-코로나바이러스가 환기구와 배기구를 통해 퍼져 나갔고, 같은 층을 쓴 외국인 투숙객 스물세 명이 감염되고 말았어요.

리우지안룽과 같은 호텔에 묵었던 투숙객들은 그대로 비행기를 타고 각자 자기 나라로 돌아갔어요. 자신들이 사스-코로나바이러스에 감염된 줄은 꿈에도 몰랐지요. 잠복기

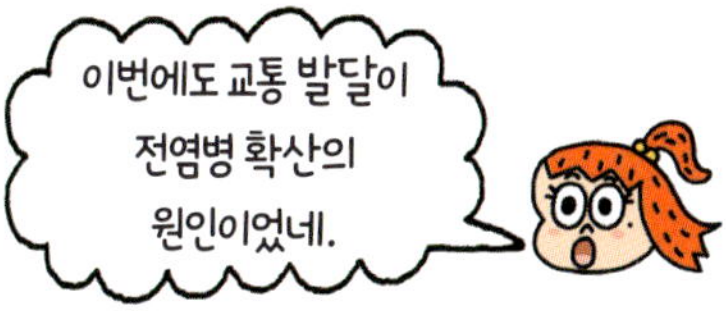
이번에도 교통 발달이
전염병 확산의
원인이었네.

리 아무 증상도 나타나지 않았으니까요. 그로 인해 사스는 일주일 만에 홍콩, 싱가포르, 베트남, 중국, 미국 등 32개국으로 전파되었어요.

의문의 병을 앓는 사람들이 갑자기 곳곳에서 늘어나자 세계 보건 기구는 전문가들을 파견했어요. 그중에 이탈리아 출신의 미생물학자 카를로 우르바니가 있었어요.

카를로는 베트남 하노이에 가서 의문의 병을 연구하다가 이것이 새로운 전염병이며 전염성이 높다는 것을 알아차렸어요.

카를로는 세계 보건 기구에 전염성이 높은 새로운 전염병의 발생을 보고했어요. 전 세계 각국이 빨리 방역을 강화하고 감염된 환자를 격리해 치료해야 한다고 말했죠.

카를로 덕분에 세계 보건 기구는 새 전염병이 더 확산되는 걸 막을 수 있었에요. 그런데 안타까운 일이 일어났어요. 카를로가 한 달 뒤 사스에 걸려 세상을 떠난 거예요.

카를로 우르바니를 포함해 2002년 11월부터 2003년 7월까지 사스에 걸린 사람은 총 8,096명이었고, 그중 774명이 숨졌어요. 치사율은 약 10퍼센트이지요. 당시 우리나라에서도 세 명의 확진자가 발생했는데, 다행스럽게도 모두 완치됐어요.

역사상 수천, 수만 명의 목숨을 앗아간 전염병과 비교하면 사스로 인한 사망자의 수는 많지 않아요. 하지만 짧은 시간에 전 세계에 적지 않은 피해를 남겼다는 점에서 결코 가볍게 생각할 수는 없지요.

사스는 인수 공통 감염병이에요. 그렇다면 사스 유행을 일으킨 동물은 무엇이었을까요? 세계 보건 기구는 2001년 11월 사스 최초 발병 이후 5개월 만인 2003년 4월에 새로운 전염병인 사스의 원인이 신종 코로나바이러스라고 발표했어요. 하지만 이 바이러스가 어디에서 왔는지는 알아내지 못했어요. 그러다 2004년 호주 동물 보건 연구소가 사스의 숙주가 박쥐라는 걸 밝혀냈어요.

호주 동물 보건 연구소 연구진은 중국인들이 박쥐 고기를 즐겨 먹는다는 사실에 주목했어요. 그래서 중국에 서식하는 야생 박쥐들을 조사했지요. 그 결과, 중국 박쥐의 몸에서 사스를

↑ 사향고양이

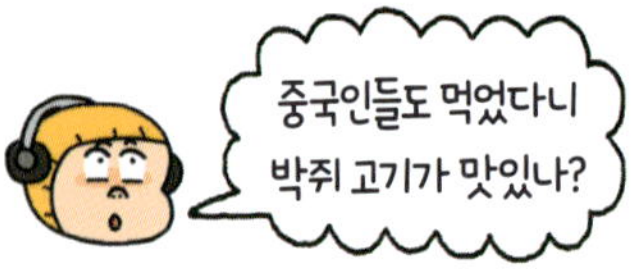
중국인들도 먹었다니
박쥐 고기가 맛있나?

일으킨 바이러스와 유사한 코로나바이러스를 발견했어요.

하지만 연구진은 박쥐가 보유한 코로나바이러스가 사람을 직접 감염시킬 수는 없다고 추측했어요. 중국의 박쥐 종들이 갖고 있는 코로나바이러스들이 서로 합쳐지고 옮겨 가면서 사스-코로나바이러스가 됐고, 이 바이러스가 사향고양이에게 전파됐다가 인간에게로 옮겨 왔다는 결론을 내렸지요.

코로나바이러스가 사람에게 전파되어 일으킨 전염병은 사스가 끝이 아니었어요. 2012년에 또 다른 코로나바이러스가 나타났죠. 이번에는 사우디아라비아에서 시작된 '중동 호

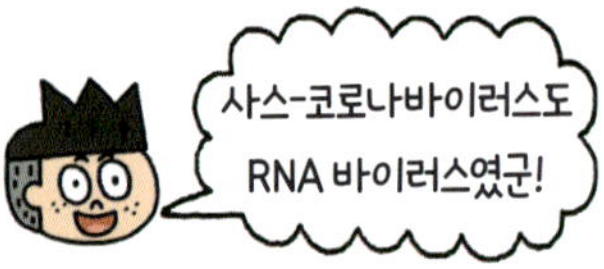
사스-코로나바이러스도
RNA 바이러스였군!

흡기 증후군'으로, 줄여서 '메르스'라고 부르는 전염병이에요.

두 번째 코로나바이러스, 메르스

메르스도 사스처럼 코로나바이러스가 유발하는 호흡기 질환이에요. 2012년에 처음 발견된 이후 2015년 6월까지, 약 3년 동안 23개 국가에서 발생했어요. 메르스의 전염성은 사스에 비해 낮지만, 치사율은 40퍼센트로 높은 편이에요. 메르스 감염자는 모두 1,142명이었는데 그중 465명이 목숨을 잃었지요. 2015년에는 우리나라에도 메르스가 퍼져 186명이 감염되었는데 그중 38명이 숨졌어요. 여기서 퀴즈!

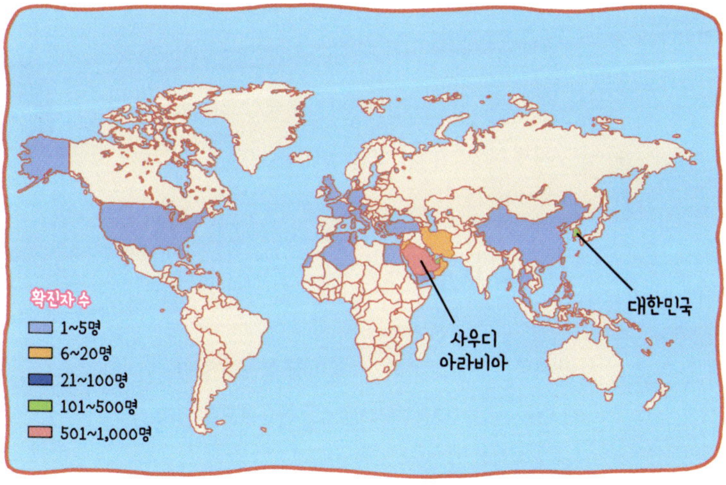

2012년~2015년 메르스 발병 국가 ↑

Q

치사율 40퍼센트에 이르는 메르스를 인간에게 옮긴 숙주 동물은 무엇일까요?

사우디아라비아에서 발병했다고 했잖아.
서아시아 사람들이 많이 먹는 고기가 뭐더라?
아, 양이다! 갑자기 양꼬치구이가 먹고 싶다.

양은 아니에요. 사막에 사는 동물을 생각해 보세요.

그럼 너무 쉬운걸요. 사막 하면, 낙타죠!

낙타도 관련이 있기는 한데, 낙타는 중간 숙주예요.
낙타에게 메르스를 옮긴 동물이 따로 있어요.

낙타가 아니면, 혹시 사막여우? 아니면 모래고양이?

사막여우랑 모래고양이는 사람이랑 접촉할 일이
거의 없을 거야. 그러니까 메르스를 옮길 틈도 없겠지.
난 다른 동물일 것 같아.

이번에도 박쥐 아닐까? 박쥐는 온갖 바이러스를 다 갖고 있잖아. 그런데 사막에도 박쥐가 있나?

당연하지. 사막에서 전갈 잡아먹는 사막긴귀박쥐가 얼마나 유명한데! 그런데 교수님, 정말 박쥐가 맞아요?

정답! 메르스의 숙주는 박쥐였어요. 처음에는 낙타가 메르스를 전파한 숙주로 추정됐어요. 그래서 당시 아라비아반도에선 수많은 낙타를 살처분하기도 했지요. 그런데 낙타는 중간 숙주일 뿐이고, 박쥐가 원인인 걸로 밝혀졌어요. 사스-코로나바이러스처럼 박쥐에서 낙타에게로, 낙타에서 사람에게로 전파된 것으로 밝혀졌어요.

난 메르스의
숙주가 아냐.
나도 박쥐한테
감염된 거라고.

살아 있는 바이러스 창고, 박쥐

지구상에서 가장 오래된 포유류인 박쥐는 에볼라, 사스, 메르스 등 여러 인수 공통 감염병의 숙주로 지목되고 있어요. 이쯤에서 왜 박쥐가 사람에게 전염병을 전파하는 범인이 됐는지 알아볼까요?

박쥐는 몸에 137종의 바이러스를 갖고 있어요. 그래서 박쥐를 '살아 있는 바이러스 창고'라고도 하지요. 그중 61종은 사람, 동물에게 전파하는 인수 공통 바이러스라고 해요.

박쥐는 무리를 이뤄 집단생활을 하기 때문에 다른 박쥐에게

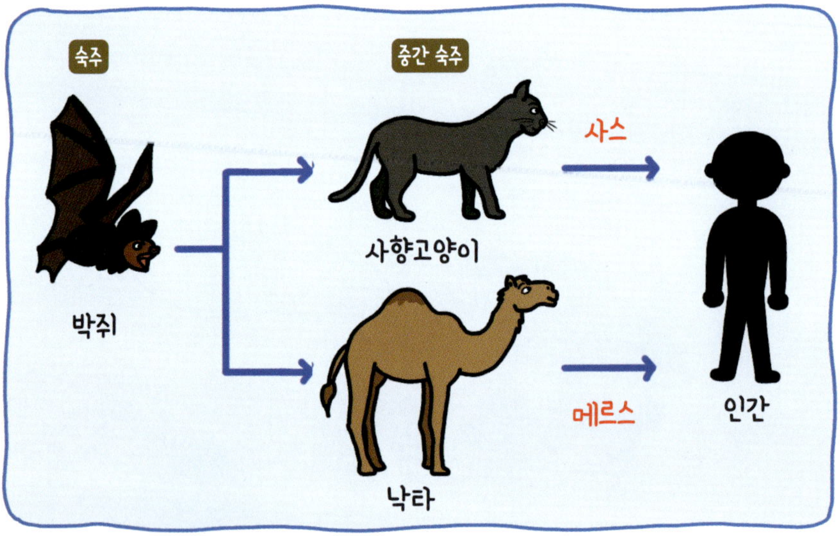

↑ 박쥐가 코로나바이러스를 사람에게 감염시키는 경로

바이러스를 쉽게 전파할 수 있어요. 그런데 왜 박쥐는 바이러스에 끄떡없을까요? 박쥐는 먹이를 찾아 장거리 비행을 하는데 이때 체온이 40도 이상으로 올라가요. 체온이 높아지면 바이러스 감염을 막아 주는 면역 물질이 생성되는 강력한 면역 체계 덕에 바이러스에 걸릴 염려가 없다고 해요.

박쥐가 박쥐들끼리만 바이러스를 전파하고 만다면 문제가 되지 않을 텐데, 어쩌다 사람들에게 바이러스를 전파하게 됐을까요? 그건 바로 사람이 박쥐가 야생에서 살아갈 곳을 파괴하고 있기 때문이에요. 살 곳을 잃은 박쥐는 어쩔 수 없이 사람이 사는 곳으로 오게 됐어요. 그러면서 박쥐가 가진 바이러스도 우리 가까이에 오게 된 것이죠.

박쥐를 없애면 전염병을 막을 수 있을까요? 박쥐는 모기 같은 해충을 잡아먹고, 꽃을 피우게 도와서 생태계 균형을 지켜 주는 유익한 동물이에요. 이런 박쥐를 죽이면 생태계 혼란만 벌어질 뿐, 바이러스는 다른 숙주를 찾을 거예요.

코로나19와 엠폭스

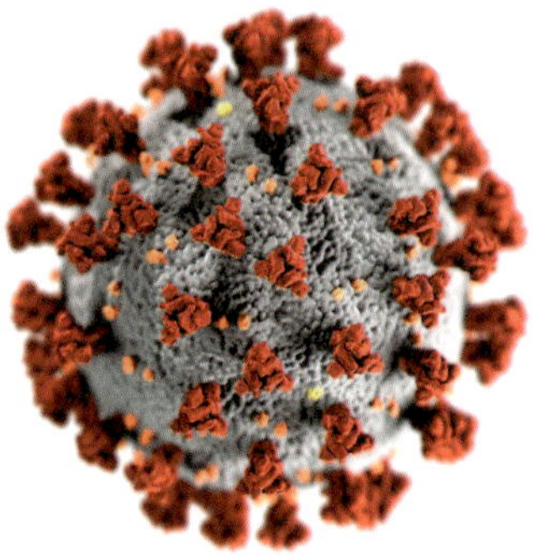

↑ 코로나19 바이러스

메르스 이후 코로나바이러스는 한동안 잠잠했어요. 그런데 또 한 번 종간 장벽을 넘어 전 세계에 대유행을 불러왔어요. 우리가 경험했고, 잘 알고 있는 코로나19예요. 2019년 12월, 중국 우한에서 처음 발생한 코로나19는 우리나라뿐만 아니라 전 세계로 퍼졌어요.

코로나19는 바이러스에 감염된 사람의 비말이나 접촉을 통해 전파돼요. 코로나19에 걸리면 평균 3~7일간 잠복기를 거친 뒤 기침과 열이 나고 폐가 망가져 숨쉬기가 힘들어져요. 그래서 코로나19로 목숨을 잃는 사람이 많았어요.

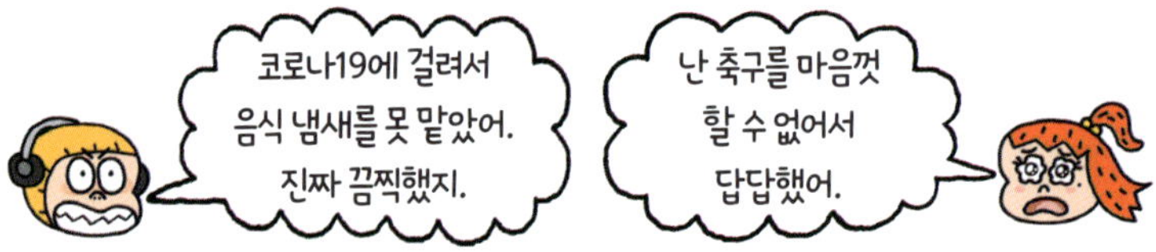

높은 전염성과 무서운 치사율에 세계 보건 기구는 2020년 3월 11일 팬데믹을 선언했어요. 코로나19가 대유행하면서 사람

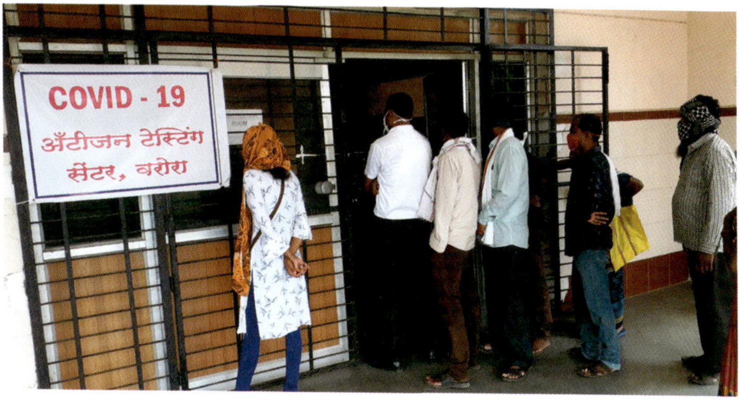

인도에 설치된 코로나19 검사소 ↑

들의 일상은 멈췄고, 사회에도 많은 변화가 나타났어요.

세계 각국이 해외 입국을 막고 지역 이동을 자제하도록 권고하면서 여행을 할 수 없었어요. 행사나 모임 등을 최소화하고, 카페, 식당 등 각종 다중 이용 시설이 폐쇄되기도 했어요. 학교나 학원에서는 온라인 수업이 시행되고, 회사로 출근하는 대신 집에서 일하는 재택근무도 확대되었어요.

전염병 확산 방지와 예방을 위해 손 씻기와 마스크 착용, 사회적 거리 두기가 권장되었고, 백신이 개발되어 대대적으로 예방 접종을 하기도 했어요.

코로나19 바이러스는 델타, 오미크론으로 변이되면서 더 빠르고, 더 쉽게 사람의 몸에 침투했어요. 그러면서 코로나19 팬데믹은 거의 3년이나 계속되었지요.

이런 와중에 2022년 또 한 번 우리를 놀라게 한 바이러스가 나타났어요. 바로 원숭이두창 바이러스예요. 원숭이두창 바이러스에 의한 전염병은 '엠폭스(MPOX)'라고 해요. 엠폭스는 천연두• 증상과 비슷하지만 전염성은 낮아요. 감염된 사람과의 밀접한 접촉이나 신체 접촉을 통해 퍼지는 경우가 많거든요.

천연두
천연두 바이러스가 일으키는 전염병. 16세기에 유럽에서 아메리카 대륙으로 전파돼 아스테카 제국이 멸망하는 데 영향을 주었다.

원숭이두창 바이러스에 감염되면 처음에는 피부 일부가 붉게 변하는 반점이 생겨요. 그러고는 1~3주간의 잠복기를 거친 후, 이 반점이 울퉁불퉁해지면서 솟아올라요. 또 발열, 근육통, 두통이 시작되고 목, 겨드랑이, 사타구니 등이 붓는 증상이 생기기도 해요. 증상이 심각해지면 목숨을 잃는 경우도 있어요.

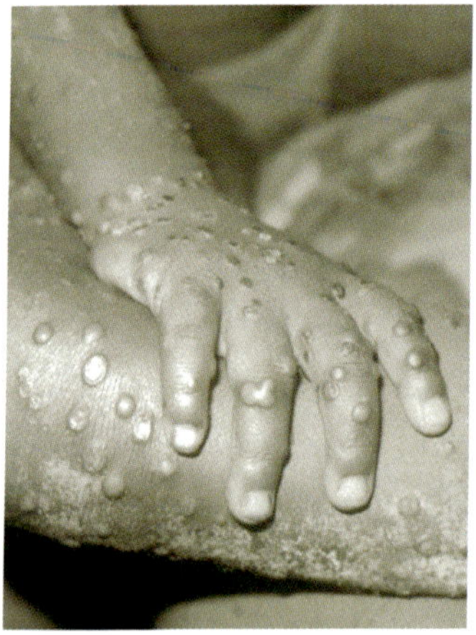
↑ 엠폭스의 증상

원숭이두창 바이러스라는 이름은 1958년에 원숭이가 사람 두창과 비슷한 증상을 앓아서 붙여졌어요. 이때만 해도 엠폭스는 원숭이만 걸리는 병이었지요. 그런데 1970년 콩고 민주 공화국에서 사람이 원숭이두창 바이러스에 감염되는 일이 생겼어요. 처음으로 사람에게서 엠폭스가 발병한 거예요.

엠폭스는 이후 중앙아프리카와 서아프리카에서만 걸리는 풍토병으로 알려졌어요. 그러다 2022년 아프리카 지역을 넘어 영국, 독일, 에스파냐, 미국 등 여러 나라에서 퍼졌어요. 에볼라처럼 교통 발달과 함께 세계로 퍼진 것이지요.

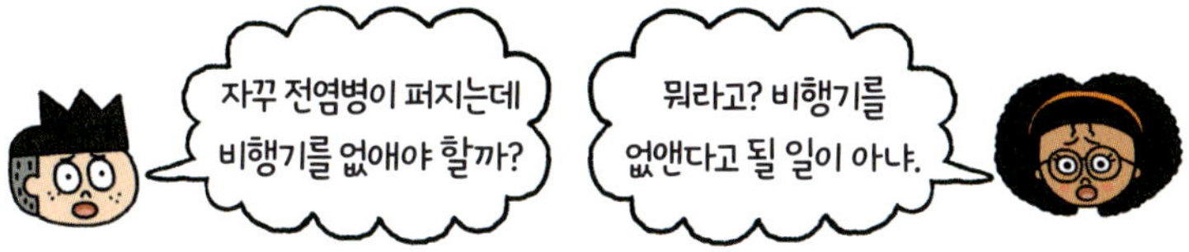

원숭이두창 바이러스는 어떤 동물에게서 전파됐을까요? 미국은 2003년에 확진된 엠폭스 환자 37명을 역학 조사한 적이 있어요. 조사 결과, 바이러스를 옮긴 것으로 지목된 동물은 아프리카에 서식하는 프레리도그였어요.

당시 미국에선 아프리카에서 수입한 프레리도그를 키우는 사람들이 있었어요. 이로 인해 원숭이두창 바이러스에 감염되었을 것으로 추정하고 있어요.

프레리도그 ↑

코로나19 이후, 인간과 동물의 공존

전문가들은 전염병에 대해 계속 연구하지만, 어떤 동물의 몸속에 얼마나 많은 바이러스가 있는지 예측할 수 없어요. 분명한 것은 인수 공통 감염병이 사라지지 않을 거라는 점이지요. 앞으로 또 닥칠 인수 공통 감염병의 위기를 어떻게 극복하는가는 우리가 해결해야 과제가 되었어요.

2021년에 미국 데이비스 캘리포니아대 연구진은 동물의 바이러스 중에서 종간 장벽을 넘어 인간에게 감염되는 바이러스 887개의 위험도를 평가했어요. 순위를 한번 살펴볼게요.

1위는 라사열 바이러스예요. 나이지리아 라사 마을에서 발견돼 미국, 캐나다, 독일, 영국 등으로 퍼진 바이러스지요. 라사열 바이러스에 감염된 들쥐를 통해 사람에게 전파되는데, 두통, 발열, 복통 등의 증상이 나타나고, 심하면 청력이 손상되기도 해요.

라사열 바이러스가 무서운 이유는 감염 환자의 80퍼센트가 무증상이라는 점이에요. 증상이 뚜렷하지 않고 눈에 보이지 않기 때문에 감염돼도 그대로 방치하고, 자신도 모르게 주변에 바이러스를 전파할 위험성도 있지요.

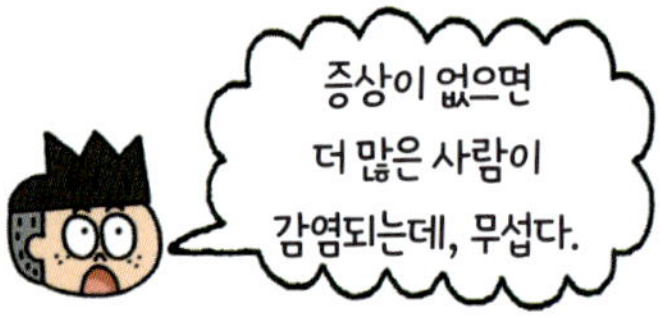

순위	바이러스	숙주	전염병 발생 가능성
1	라사열 바이러스	아프리카 들쥐	91.18
2	코로나19 바이러스	?	87.14
3	에볼라 바이러스	박쥐	87.00
4	서울 바이러스	설치류	86.49
5	니파 바이러스	박쥐	86.49

인수 공통 감염 바이러스 위험도 순위 ↑

4위에 오른 서울 바이러스는 우리나라에서 발견된 바이러스예요. 서울에서 전염병이 시작되어서 붙여진 이름은 아니고, 서울에 사는 시궁쥐라고도 하는 집쥐에게서 발견되어서 붙여진 이름이에요.

서울 바이러스는 한탄강에 발견한 한탄 바이러스의 일종이기도 한데, 앞으로 전염병이 발생할 가능성이 크기 때문에 4위에 올랐어요. 다행스럽게도 한탄 바이러스를 발견한 우리나라의 의학자 이호왕이 백신까지 개발했어요.

서울 바이러스에 대한 백신을 개발했어요. 그래도 걸리지 않도록 주의하세요.

이호왕 →

우리가 생각해야 할 점은 인수 공통 감염병의 원인이 바로 인간이라는 점이에요. 배와 비행기 같은 교통수단의 발달로 여행과 이주가 쉽고, 국제 무역이 늘면서 전염병의 전파 속도는 상상할 수 없을 정도로 빨라졌어요.

또한 인간의 편의와 이득을 위해 야생 동물을 죽이고, 이들의 서식지를 훼손하고 있어요. 에볼라 바이러스, 코로나바이러스의 숙주인 박쥐가 인간이 사는 곳에 오게 된 것도 서식지가 파괴됐기 때문이었죠.

최근 연구에 따르면, 기후 변화 역시 전염병 발생에 심각한 영향을 주는 것으로 파악되고 있어요. 지구 평균 온도가 2도

상승할 경우, 2070년에는 15,000여 건의 새로운 감염 사례가 나타날 것으로 예측돼요.

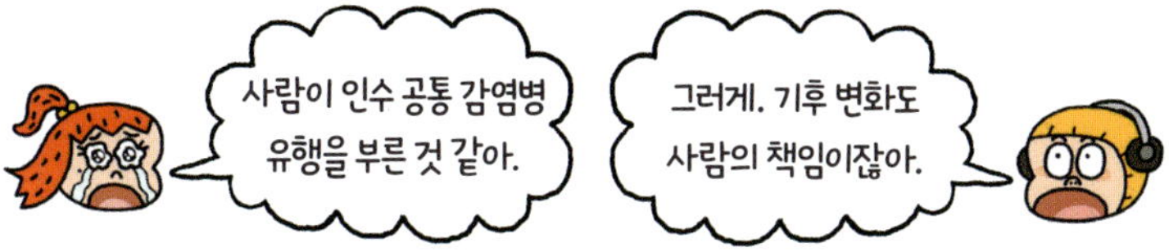

안타깝지만 인간과 동물이 함께 걸리는 인수 공통 감염병은 사라지지 않아요. 이제는 인간이 동물에게 전염병을 옮기는 '역인수 공통 감염병'의 위험성도 생기고 있어요. 인간이 함께 사는 개나 고양이에게 병을 옮길 수도 있다는 뜻이지요.

이제 전염병에 대응하는 데 사람 바이러스와 동물 바이러스를 구분 짓는 일은 무의미해요. 인간, 동물, 환경의 건강은 서로 떨어져 있는 것이 아니라 하나로 연결되어 있어요. 동물과 환경이 건강해야 결국 인간도 건강할 수 있다는 것을 반드시 기억해 주세요.

에필로그

너무 열정적으로 강의했나 봐. 목이 마르네.
아주 유익한 강의였어요. 교수님 멋져요.
의학계 탐정을 꿈꾸는 저한테 큰 도움이 됐어요.
전염병이 더 생기지 않으면 좋겠어. 축구 못 하잖아.
오늘은 돼지고기가 안 당겨. 마음이 좀 아프거든.

"여러분! 팬데믹 히스토리 여행 어땠어요?"

강아지 몽이를 내려 놓으며 한백신 교수님이 물었어요.

"인수 공통 감염병에 대해 새롭게 알게 돼서 재밌었어요."

아나엘이 흥분한 목소리로 말했어요. 하지만 왕봉구의 얼굴은 먹구름처럼 어두웠어요.

"몇 년 동안 코로나19로 힘들었는데, 앞으로 전염병이 또 발생할 수 있다니 걱정돼요."

"인류는 수많은 전염병과의 전쟁을 이겨 낸 역사가 있어요. 앞선 경험을 바탕으로 코로나19 위기도 슬기롭게 대처했고요. 그러니 너무 걱정하지 말아요. 앞으로 무시무시한 전염병이 다가온다 해도 인류는 분명 지혜롭게 극복할 방법을 찾아낼 거예요. 그렇다고 무작정 손 놓고 있을 순 없겠죠?"

한백신 교수님이 코끝을 비비며 다시 물었어요.

"우리가 다가올 전염병에 대응하려면 어떻게 해야 할까요?"

"인간과 환경이 서로 공존하는 방법을 찾아야 해요."

공차연이 먼저 외쳤어요. 이에 질세라 강하군도 목소리를 높였어요.

"야생 동물의 서식지를 지켜 주고, 환경을 보호해야 해요."

"여러분이 제 강의를 열심히 들어 주었네요. 맞아요. 동물과 자연환경을 보호하기 위한 우리의 실천이 필요해요."

"모든 것은 우리 손에 달려 있네요."

왕봉구가 자리에서 벌떡 일어나 주먹을 불끈 쥐었어요.

"기다려 봐. 의학계 탐정을 꿈꾸는 내가 새로운 바이러스를 찾아 그 원인과 치료법을 알아낼 테니까."

"우리 운명이 아나엘의 손에도 달렸네?"

강하군의 농담에 모두 한바탕 웃음을 터뜨렸어요.

"기대할게요, 여러분의 활약을! 자, 그럼 우리는 다음 세계사 여행에서 다시 만나요!"

아이들은 열 번째 세계사 여행을 기대하며 히스토리 에어라인에서 내릴 준비를 했어요.

눈에는 보이지 않지만 총칼보다도 무서운
세균과 바이러스 역사에 관해 알아 보았어요.
전염병을 이해함으로써 막연한 두려움을 극복하고
우리를 지킬 수 있기를 바랍니다.

다음 여행지는 아시아와 아프리카,
유럽이 만나는 곳이에요. 100년 넘게 이어지는
두 나라의 끝없는 악연과 세계를 요동치게 한
석유 싸움에 관해 알아볼 거예요.

벌거벗은 세계사 10권에서 만나 봐요!

전염병으로 바뀐 세계사

인류의 역사는 전염병의 역사라고 해도 과언이 아니에요. 전염병은 사람들의 목숨을 빼앗는 데 그치지 않고 제국을 멸망시키기도 했어요. 전염병으로 바뀐 세계사를 더 알아볼까요?

고대 로마 제국을 멸망시킨 말라리아

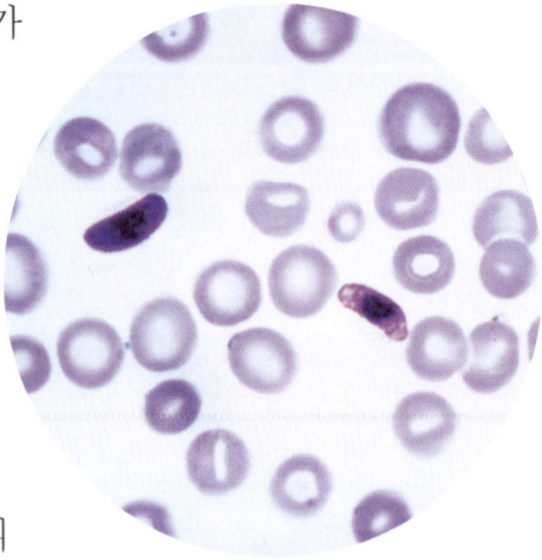
↑ 말라리아 병원충

말라리아는 말라리아를 일으키는 병원충을 가진 학질모기에게 물려서 감염되는 병이에요. 말라리아는 로마 제국 때에도 있었어요. 이탈리아 전역에 있는 습지는 말라리아를 일으키는 모기들이 살기에 딱 좋은 환경이었지요. 말라리아는 기원전 3세기 초 카르타고의 장군 한니발이 수도 로마로 진격하는 걸 포기하게 했고, 5세기에는 훈족의 아틸라가 동로마 제국을 공격할 때 콘스탄티노플로의 진격을 포기하게 했어요. 말라리아가 로마 제국을 보호하는 방패막이 역할을 해 줬던 셈이지요. 하지만 말리아가 널리 퍼지면서 로마 제국의 국력은 크게 약해졌어요. 그러던 차에 게르만족의 대이동이 일어나면서 결국 로마는 멸망했어요.

말라리아는 지금도 해마다 2~3억 명이 걸려 100만~300만 명이 사망하는 전염병으로 남아 있어요.

아스테카 제국을 무너뜨린 천연두

천연두는 두창 바이러스가 일으키는 급성 전염병이에요. 1519년 에스파냐 국왕이 아메리카에 보낸 식민지 탐험 대장 코르테스가 550명의 부하를 이끌고 아스테카 제국을 침입했어요. 이때 천연두에 감염된 부하들이 아스테카인들에게 바이러스를 전파했어요. 아스테카인들은 천연두를 처음 겪어 면역력이 없었어요. 결국 아스테카 제국의 인구 3분의 1 이상이 천연두로 목숨을 잃으면서 코르테스가 아스테카 제국을 정복했어요. 1980년 세계 보건 기구는 천연두가 지구상에서 완전히 사라졌다고 발표했어요. 천연두는 인류가 백신을 이용하여 퇴치한 최초의 전염병으로 기록되었어요.

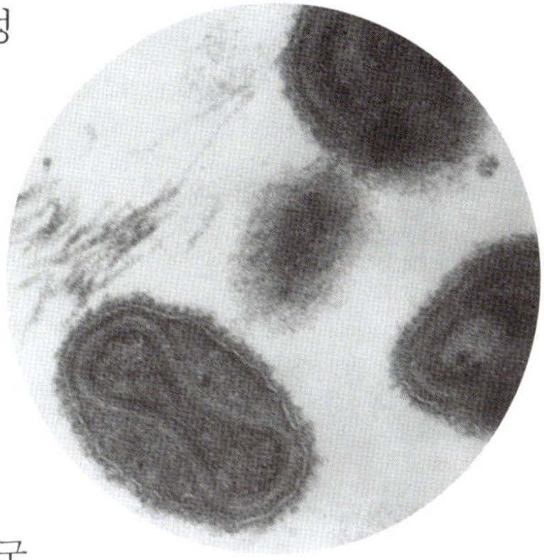
두창 바이러스 ↑

원을 멸망시킨 흑사병

원은 1271년 쿠빌라이 칸이 중국을 정복해 세운 나라예요. 아시아에서 가장 넓은 영토를 차지한 나라였어요. 쿠빌라이 칸이 죽은 뒤 나라가 어수선했는데 1340년대 중반에 유럽에서 유행하던 흑사병이 퍼지며 인구의 절반이 숨졌어요. 결국 막강한 군사력을 자랑하던 대제국은 100년도 채 되지 않아 멸망했어요.

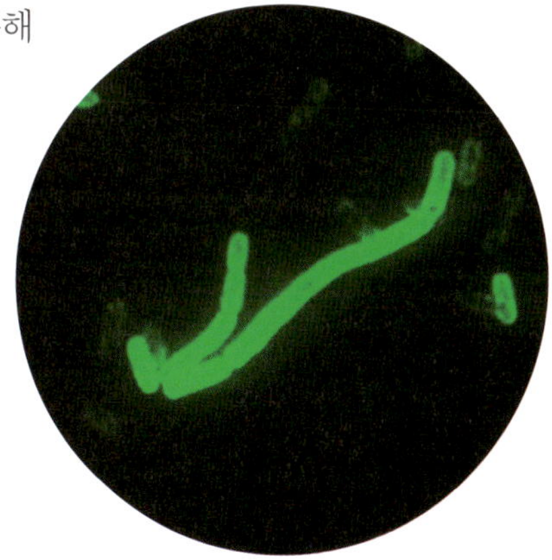
페스트균 ↑

전염병이 앗아 간 예술가들

전염병은 많은 사람의 목숨을 앗아 갔고, 그중에는 예술가도 있어요.
전염병으로 목숨을 잃은 예술가를 알아보아요.

결핵으로 세상을 떠난 낭만주의 음악가, 쇼팽

프레데리크 쇼팽은 낭만주의 시대를 대표하는 음악가예요. 〈녹턴〉, 〈야상곡〉 등 200여 곡의 아름다운 피아노곡을 만들었어요.

↑ 프레데리크 쇼팽

쇼팽을 평생 괴롭힌 전염병은 결핵이었어요. 결핵은 폐 등의 장기가 결핵균에 감염되어 일어나는 병이에요. 쇼팽은 스물다섯 살 때 처음 피가 섞인 가래를 토하는 증상을 보인 이후로 늘상 기침을 달고 살았어요. 귀족의 딸과 약혼까지 했지만 결핵 때문에 파혼을 당했어요.

쇼팽은 병세가 나빠지자 맑은 공기와 강렬한 햇빛이 있는 지중해 섬 마요르카에 있다가 바르셀로나, 마르세유로 요양을 다녔어요. 서른 명이 넘는 의사를 만났지만 별 소용이 없었어요. 다행히 프랑스 파리에서 만난 연인,

소설가 조르주 상드의 보살핌 속에 증상이 나아졌고 작곡가로서 최고의 작품을 남겼어요. 그러나 그녀와 이별한 후 건강이 다시 나빠졌고 1849년 서른아홉 살의 나이로 세상을 떠났어요. 프랑스 당국은 결핵 때문에 숨진 것이라고 발표했어요.

스페인 독감이 앗아 간 천재 화가, 실레

에곤 실레는 오스트리아를 대표하는 화가예요. 〈키스〉 등의 작품으로 유명한 구스타프 클림트의 후계자로 각종 전시회에서 성과를 내며 국제적인 명성을 얻었어요. 그 시기 가정을 꾸린 실레는 아내의 임신 소식을 듣고 〈가족〉이라는 작품도 완성했어요. 그런데 그해 스페인 독감이 유럽 전역을 휩쓸며 임신 6개월의 아내까지 덮쳤어요.

에곤 실레 ↑

실레는 모든 약속을 취소하고 집에서 마스크를 쓴 채 아내를 간호했어요. 하지만 실레의 노력은 물거품으로 돌아갔어요. 아내와 배 속의 아기 모두 잃었지요. 뒤이어 실레마저 독감에 감염되어 사흘 만에 숨지고 말았어요. 스페인 독감이 스물여덟 살 천재 화가의 생을 앗아 가 버린 것이지요. 아내의 배 속의 아이를 기다리며 그린 〈가족〉은 실레의 대표작 중 하나가 되었답니다.

전염병과 싸운 영웅들

인류를 절망과 고통에 빠뜨린 전염병 정복을 위해 노력한 영웅들이 있어요. 백신, 항생제 등 오늘날 전염병 예방과 치료의 기초를 닦은 인물들을 만나 보아요.

천연두 백신을 개발한 제너 (1749년~1823년)

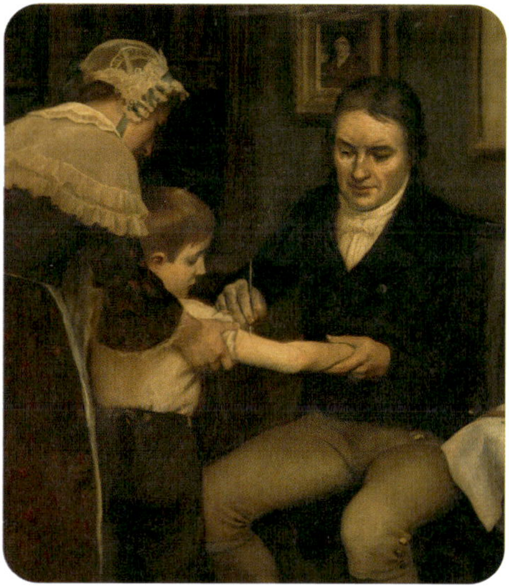

↑ 일곱 살 소년에게 천연두 백신을 처음으로 접종하는 에드워드 제너

열세 살 때부터 의학을 공부한 에드워드 제너는 소젖을 짜는 여자들이 우두에는 걸려도 천연두에는 걸리지 않는다는 사실을 발견했어요. 우두는 소에게 발생하는 질병으로 천연두 사촌 격이에요. 1796년 의사가 된 후에는 우두로 천연두를 예방할 수 있다고 믿고 직접 실험에 나섰어요. 우두에 걸린 소녀의 고름을 짠 다음 천연두에 걸린 소년의 팔 상처에 문질렀어요. 얼마 후 소년은 이상 증상 없이 천연두에서 말끔히 나았어요. 우두법이 성공한 거예요. 이렇게 세계 최초로 천연두 백신이 개발되었어요. 제너가 우두법을 통해 고안한 백신 원리는 오늘날까지 사용되고 있어요. 원리는 간단해요.

우리 몸의 면역 체계가 위험한 바이러스나 박테리아를 미리 경험해서 기억하게 한 다음, 그들이 다시 나타났을 때 효과적으로 물리쳐서 전염을 막는 거예요.

결핵균을 찾아낸 코흐 (1843년~1910년)

로베르트 코흐는 독일의 의사이자 미생물학자로, 탄저병과 콜레라의 원인이 탄저균과 콜레라균이라는 걸 명확히 규명해 '세균학의 아버지'라고 평가받는 인물이에요. 코흐는 최초로 결핵균을 발견했어요. 코흐는 결핵의 원인을 찾기 위해 결핵으로 죽은 사람의 몸에서 얻은 조직을 현미경으로 관찰했어요. 그러나 결핵을 일으키는 미생물은 좀처럼 모습을 드러내지 않았어요. 1882년 코흐는 온갖 색깔의 염색액으로 조직을 물들인 뒤 다시 현미경으로 들여다보았어요. 얼마 후 파란색으로 염색한 조직에서 가늘고 구부러진 모양의 미생물이 나타났어요. 코흐는 처음 본 미생물을 실험동물에게 주사해 결핵균임을 확인했어요. 그 뒤로 결핵을 치료할 수 있는 약이 발명되었고, 코흐는 그 공로를 인정받아 1905년 노벨상을 받았어요.

로베르트 코흐 →

전염병에 맞서는 세계 방역 기구들

오늘날 전염병의 전파 속도는 상상할 수 없을 정도로 빨라졌어요. 전염병은 전 세계가 함께 대응해야 할 국제적 과제가 됐지요. 전염병에 맞선 세계 방역 기구들을 알아보아요.

세계 보건 기구 (WHO, World Health Organization)

1948년 국제 연합(UN)에서 설립한 보건 · 위생 분야의 전문 기구로, 스위스 제네바에 본부가 있어요. 우리나라를 포함한 190여 개 회원 국가들의 국제적인 협력을 통해 전 세계 사람들이 최고의 건강 수준에 도달하는 것을 목표로 해요. 전염병의 위험을 알리고, 사스, 에볼라, 메르스, 코로나19 등 전염병이 발생했을 때 비상 태세를 갖추고 전염병 방지책 마련에 앞장섰어요. 역학 조사관을 파견하여 과학적이고 체계적인 역학 조사를 하고 효율적인 방역 조치가 이루어지도록 발병 원인과 감염 경로 등을 파악하는 일을 하지요. 세계적인 감염병과 사람과 동물 공통의 전염병 문제를 전문적으로 다루는 담당국을 설립하기도 했어요.

↓ 스위스에 있는 세계 보건 기구 본부

세계 동물 보건 기구 (WOAH, World Organization for Animal Health)

1924년, 전 세계 가축 위생과 동물 복지 향상을 위해 설립된 국제기구예요. 설립 당시 명칭은 국제 수역 사무국이었으나 2003년 현재의 이름으로 바뀌었어요. 세계의 동물과 축산물 교역이 이 기구가 정하는 위생 기준에 근거해 이루어지고 있어요. 또한 새로운 가축 전염병이 발생했을 때 각국에 신속히 알리고 유용한 정보를 제공하여 전염병의 확산을 방지하고 이를 근절하기 위한 노력하고 있어요. 현재 180여개 나라가 회원국으로 가입돼 있고 프랑스 파리에 본부가 있어요. 인수 공통 감염병이 동물에게서 오기 때문에 꾸준한 동물 연구와 검역 관리가 더욱 중요하다는 인식을 갖고 있어요.

↓ 프랑스에 있는
세계 동물 보건 기구 본부

인류를 위협한 전염병

세균과 바이러스가 일으켜 인류를 고통과 절망에 빠뜨렸던
인수 공통 감염병을 알아보아요.

세균

흑사병(14세기 대유행)

원인
페스트균

매개체
쥐벼룩

피해
유럽 인구의 1/3 감소

확산 배경
기근으로 면역력 약화
비위생적 생활 환경

영향
종교 영향력 약화
봉건 제도 붕괴
인본주의 등장

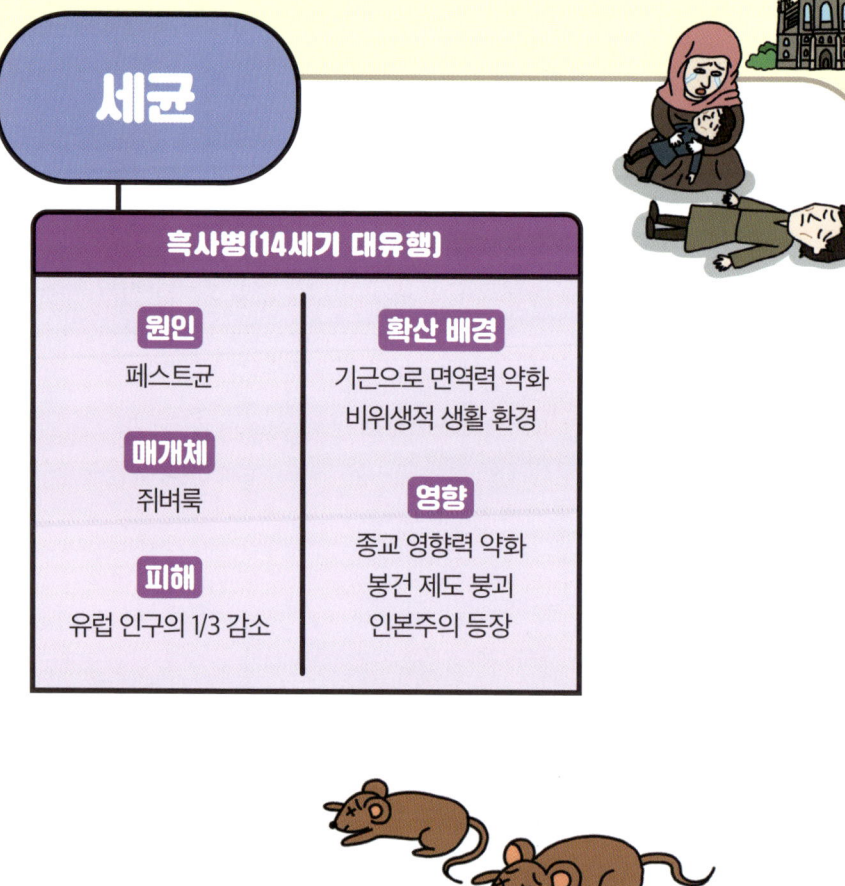

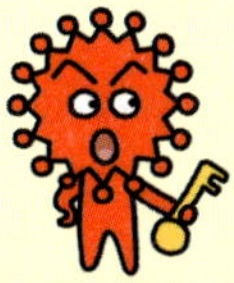

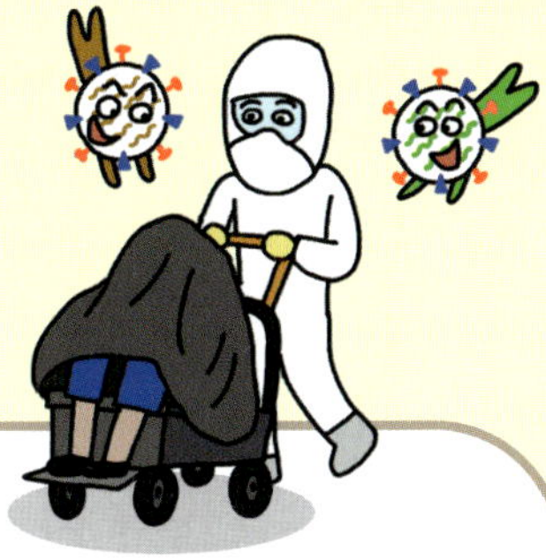

바이러스

인플루엔자 바이러스

스페인 독감 (1918년 대유행)

감염로 조류→인간

신종 플루 (2009년 대유행)

감염로 조류→돼지→인간

에볼라 바이러스

에볼라 (2014년 유행)

감염로 과일박쥐→인간

코로나 바이러스

사스 (2003년 유행)

감염로 박쥐→사향고양이→인간

메르스 (2012년 유행)

감염로 박쥐→낙타→인간

코로나19 (2020년 대유행)

감염로 아직 밝혀지지 않음.

1 흑사병에 대한 설명으로 <u>틀린</u> 것을 골라 보세요. ( )

① 14세기 유럽에서 크게 유행하였다.

② 사람은 쥐벼룩이 옮긴 바이러스에 의해 감염됐다.

③ 몽골 킵차크한국이 카파 성을 침략하며 전파됐다.

④ 유럽 인구의 3분의 1이 목숨을 잃었다.

2 흑사병이 유럽 역사에 미친 영향을 설명하는 다음 문장의 빈칸을 채워 보세요.

농민들이 자신을 가치있는 존재라고 인식하며 인간 중심의 새로운 사고방식인 (㉮)가 싹트게 되면서, 유럽은 정치, 과학, 예술 다방면이 발달한 (㉯) 시대가 열리게 되었다.

㉮ ( )

㉯ ( )

3 **스페인 독감이 확산되는 데 영향을 준 사건을 골라 보세요. (   )**

① 스페인 내전

② 미국의 독립 전쟁

③ 제1차 세계 대전

④ 제2차 세계 대전

4 **스페인 독감과 신종 플루가 전파되는 과정에 대한 설명으로 알맞은 것을 골라 보세요. (   )**

① 스페인 독감의 원인은 돼지 독감 바이러스이다.

② 신종 플루는 돼지가 사람에게 전파할 뿐 조류에게는 전파되지 않는다.

③ 스페인 독감의 사람 간 전파는 혈액을 접촉했을 때 이뤄진다.

④ 신종 플루는 조류 독감의 바이러스가 돼지 몸속에서 변이를 일으켜 생긴 바이러스이다.

벌거벗은 세계사 퀴즈 21세기 전염병 편

1 에볼라 바이러스는 어떤 동물에게서 전파됐는지 골라 보세요.(   )

① 오카피　　　　② 과일박쥐　　　　③ 낙타

2 다음 코로나바이러스에 의한 전염병과 전파 과정에 대한 설명을 알맞게 이어 보세요.

| 사스 | • | • | 박쥐가 가진 바이러스가 낙타를 거쳐 변이되어 전파됐고, 치사율이 높은 편이었다. |

| 메르스 | • | • | 박쥐가 가진 바이러스가 사향고양이를 거쳐 변이되어 전파됐고 전염성이 높다. |

| 코로나19 | • | • | 바이러스가 변이를 거듭하면서 전염병의 대유행이 잠잠해지기까지 시간이 걸렸다. |

3 다음 바이러스들이 공통적으로 일으키는 질병을 무엇이라 하는지 초성을 보고 알아맞혀 써 보세요.

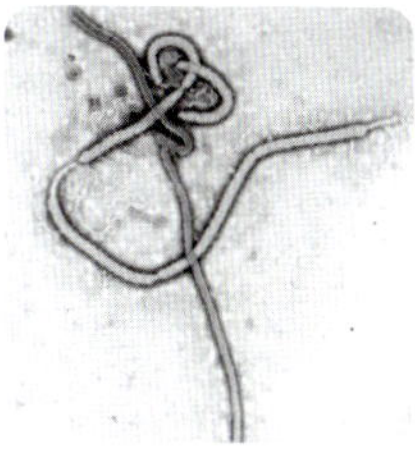
에볼라 바이러스

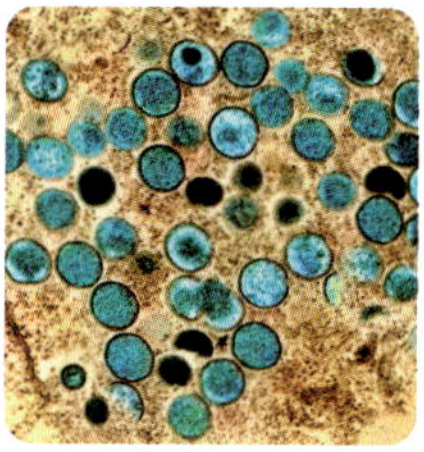
원숭이두창 바이러스

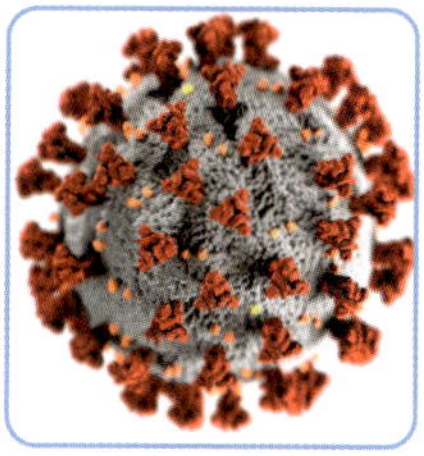
코로나19 바이러스

ㅇ ㅅ ㄱ ㅌ ㄱ ㅇ ㅂ

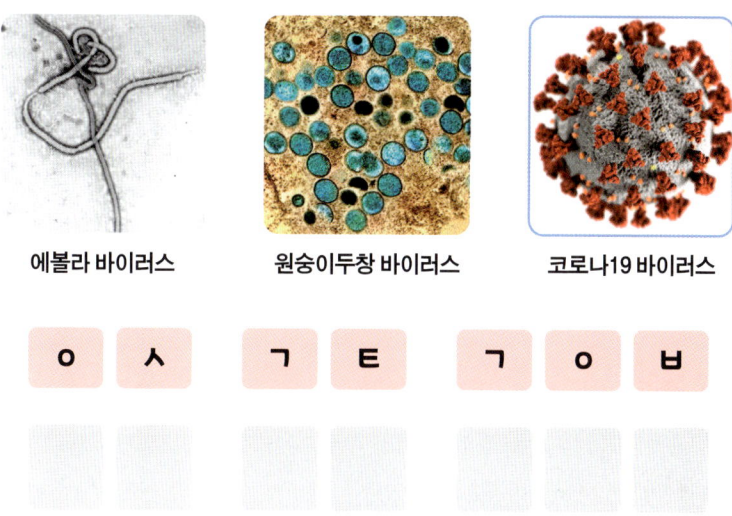

4 종간 장벽을 넘어 인간에게 감염될 위험이 있는 바이러스에 대한 설명으로 맞지 않은 것을 골라 보세요. ( )

① 라사열 바이러스는 감염자의 80퍼센트가 무증상이어서 전파 위험이 높다.

② 한탄 바이러스는 우리나라의 의학자가 발견했고, 백신도 개발했다.

③ 코로나19 바이러스는 돌연변이를 계속 일으키며 인류를 위협하고 있다.

④ 에볼라 바이러스는 치료제와 백신이 개발돼 위험하지 않다.

중세와 20세기 감염병 편

1 ② 사람은 쥐벼룩이 옮긴 바이러스에 의해 감염됐다.

해설
바이러스가 아닌
페스트균에 의해 감염됨.

2 ㉮ (인본주의)
㉯ (르네상스)

3 ③ 제1차 세계 대전

4 ④ 신종 플루는 조류 독감의 바이러스가 돼지 몸 속에서 변이를 일으켜 생긴 바이러스이다.

21세기 감염병 편

1 ② 과일박쥐

2

사스	박쥐가 가진 바이러스가 사향고양이를 거쳐 변이되어 전파됐고 전염성이 높다.
메르스	박쥐가 가진 바이러스가 낙타를 거쳐 변이되어 전파됐고, 치사율이 높은 편이었다.
코로나19	바이러스가 변이를 거듭하면서 전염병의 대유행이 잠잠해지기까지 시간이 걸렸다.

3 인 수 공 통 감 염 병

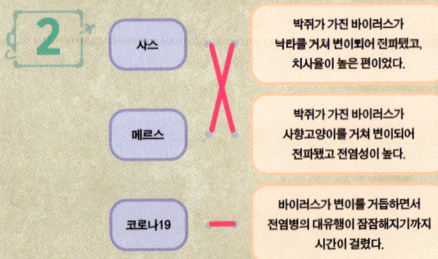

4 ④ 에볼라 바이러스는 치료제와 백신이 개발돼 위험하지 않다.

사진 출처

20쪽 시칠리아 메시나_게티이미지뱅크 | **21쪽** 에트나산_게티이미지뱅크 | **23쪽** 페오도시야에 위치한 카파의 제노바 성벽_위키미디어 | **24쪽** 몽골군의 전투 방식을 그린 그림_위키미디어 | **27쪽** 흑사병 증상_위키미디어 | **28쪽** 쥐벼룩 마이크로슬라이드_위키미디어 | **31쪽** 세드렉 성당_Thomas Ledl · 위키미디어 | **33쪽** 공중 화장실_Stipa Jennifer · 위키미디어 | **34쪽** 채찍질 고행단_위키미디어 | **36쪽** 한스 베이디츠 〈14세기의 흑사병〉_폴란드 국립도서관 | **39쪽** 중세의 흑사병 의사_Dr8stees · 위키미디어 / 흑사병 의사의 후드, 독일 의학역사박물관_Anagoria · 위키미디어 | **43쪽** 레오나르도 다빈치 〈자화상〉_위키미디어 / 다니엘 다 볼테라 〈미켈란젤로 부오나로티〉_위키미디어 / 라파엘로 〈자화상〉_위키미디어 | **44쪽** 캔자스주_위키미디어 | **45쪽** 스페인 독감 환자를 치료했던 미국 캠프 펀스턴 군사병원_미국 국립의료박물관 | **53쪽** 우드로 윌슨_위키미디어 / 김구_위키미디어 / 구스타프 클림트_위키미디어 | **54쪽** 뭉크 〈와인 병이 있는 자화상〉_위키미디어 / 뭉크 〈스페인 독감을 앓고 난 후의 자화상〉_위키미디어 | **55쪽** 스페인 독감으로 마스크 쓴 미국 경찰들_위키미디어 | **56쪽** 스페인 독감으로 마스크 쓴 가족_위키미디어 | **59쪽** 스페인 독감 바이러스_위키미디어 / 신종 플루 바이러스_위키미디어 | **68쪽** 비룽가 국립 공원_게티이미지뱅크 | **69쪽** 오카피_게티이미지뱅크 | **76쪽** 얌부쿠의 에볼라 환자 돌보는 의료진_미국 CDC | **78쪽** 콩고 얌부쿠에 파견된 조사단_미국 CDC | **87쪽** 서아프리카 파견 의료진_미국 CDC | **88쪽** 박쥐_게티이미지뱅크 | **89쪽** 박쥐_게티이미지뱅크 / 박쥐 고기_Wikiseal · 위키미디어 | **90쪽** 에볼라 바이러스_미국 CDC | **92쪽** 광둥성 포산 양원_钉钉 · 위키미디어 | **93쪽** 황비홍 기념관 조각상_Lukwo RuoShuma Simonz · 위키미디어 | **94쪽** 광둥성 포산_Zhangzhugang · 위키미디어 | **95쪽** 코로나바이러스_미국 CDC | **100쪽** 사스-코로나바이러스_미국 CDC | **102쪽** 사향고양이_게티이미지코리아 | **105쪽** 낙타_게티이미지뱅크 | **107쪽** 과일박쥐_Stockvault | **108쪽** 코로나19 바이러스_미국 CDC | **109쪽** 코로나19 검사소_Ganesh Dhamodkar · 위키미디어 | **110쪽** 엠폭스에 감염된 사람_미국 CDC | **111쪽** 프레리도그_게티이미지뱅크 | **116쪽** 라사열 바이러스_미국 CDC | **119쪽** 마다인 살레_게티이미지뱅크 | **120쪽** 열대열 말라리아 원충_위키미디어 | **121쪽** 천연두 바이러스_미국 CDC / 페스트균_미국 CDC | **122쪽** 프레데리크 쇼팽_위키미디어 | **123쪽** 에곤 실레_위키미디어 | **124쪽** 어니스트 보드 〈제너의 첫 백신 접종〉_위키미디어 | **125쪽** 로베르트 코흐_OTFW, Berlin · 위키미디어 | **126쪽** 제네바에 있는 WHO 본부_Yann Forget · 위키미디어 | **127쪽** 파리에 있는 WOAH 본부_게티이미지뱅크 | **표지** 에드워드 제너_웰컴 콜렉션 · 위키미디어, 세드렉 성당_MONUDET · 위키미디어

벌거벗은 세계사

9 인류 최악의 전염병과 바이러스

기획 tvN 〈벌거벗은 세계사〉 제작진 | **글** 이현희 | **그림** 최호정 | **감수** 송대섭·장항석

1판 1쇄 발행 | 2024년 5월 8일
1판 4쇄 발행 | 2025년 12월 1일

펴낸이 | 김영곤
아동부문 프로젝트1팀장 | 이명선
기획개발 | 채현지 김현정 권정화 우경진 오지애 최지현
영업팀 | 정지은 한충희 남정한 장철용 강경남 황성진 김도연 이민재
디자인 | 윤수경 **구성** | 김익선 **제작팀** | 이영민 권경민

펴낸곳 | (주)북이십일 아울북
등록번호 | 제406-2003-061호 **등록일자** | 2000년 5월 6일
주소 | 경기도 파주시 회동길 201(문발동) (우 10881)
전화 | 031-955-2145(기획개발), 031-955-2100(마케팅·영업·독자문의)
브랜드 사업 문의 | license21@book21.co.kr
팩시밀리 | 031-955-2177
홈페이지 | www.book21.com

ISBN | 978-89-509-0091-5
ISBN | 978-89-509-0082-3(세트)

* 잘못 만들어진 책은 구입하신 서점에서 교환해 드립니다.
* 가격은 책 뒤표지에 있습니다.

⚠ 주의 1. 책 모서리가 날카로워 다칠 수 있으니 사람을 향해 던지거나 떨어뜨리지 마십시오.
2. 보관 시 직사광선이나 습기 찬 곳을 피해 주십시오.

다양한 SNS 채널에서
아울북과 을파소의 더 많은 이야기를 만나세요.

인스타그램 @owlbook21
유튜브 @아울북&을파소

• 제조자명 : (주)북이십일
• 주소 및 전화번호 : 경기도 파주시 회동길 201(문발동)/031-955-2100
• 제조연월 : 2025.12.01
• 제조국명 : 대한민국
• 사용연령 : 3세 이상 어린이 제품

• **일러두기** 이 책에 나오는 지명과 인명은 《표준국어대사전》을 따라 표기하였고,
규범 표기가 미확정일 경우 감수자의 자문을 거쳐 학계의 표기를 따랐습니다.

비교하면 더 잘 보이는 역사!

스페인 독감이 확산되기 전, 우리나라에서는 어떤 일이 일어나고 있었을까요?
세계사와 비슷한 시대의 한국사 사건들을 퀴즈로 풀어 보며,
두 역사의 연결 고리를 찾아보세요!

1 (가)에 들어갈 사건으로 옳은 것은? ( )

일본과의 조약이 체결되다
작년 가을 강화도와 영종도 일대에서 (가)을 일으킨 일본과의 회담이 수차례 열렸다. 일본이 피해 보상과 조선의 개항을 일방적으로 요구하자, 조정에서는 이에 대한 찬반 논쟁 끝에 신헌을 파견하여 조일 수호 조규를 체결하였다.

① 운요호 사건
② 105인 사건
③ 제너럴 셔먼호 사건
④ 오페르트 도굴 사건

2 임오군란에 관한 설명으로 적절하지 않은 것은? ( )

① 구식 군대의 군인들이 별기군과의 차별 대우로 일으킨 난이다.
② 군란 후, 일본이 자국 공사관을 지킨다며 군대를 데려왔다.
③ 백성들의 난을 지지하지 않아 실패했다.
④ 청의 내정 간섭을 가져왔다.